Comenius Johann Amos

Das wiedergefundene Paradies

Comenius Johann Amos

Das wiedergefundene Paradies

ISBN/EAN: 9783744703079

Hergestellt in Europa, USA, Kanada, Australien, Japan

Cover: Foto ©ninafisch / pixelio.de

Weitere Bücher finden Sie auf **www.hansebooks.com**

Das wiedergefundene Paradies.

Aus dem Böhmischen des Herrn Johann Amos Comenius übersetzt.

Nebst einem andern vortreflichen Tractat des Albertus Magnus.

―――――――――

Hamburg, Schwerin und Güstrow, bey Buchenröder und Ritter. 1774.

Vorbericht
des Uebersetzers.

Der selige Comenius hat im Jahr 1623. ein Büchlein unter dem Titel: Labyrinth der Welt, und Paradis des Herzens, geschrieben, welches damals zu Prag in Böhmischer Sprache herausgegeben, und 1663 in Amsterdam zum andern mal gedruckt, in Deutscher Sprache aber, so viel man weiß, noch niemals bekannt worden ist.

In demselben Büchlein zeiget der sinnreiche Verfasser auf eine ganz besondere lebhafte Art wie er, als ein Wandersmann, in der Welt und allen ihren Dingen nichts als Verwirrung und Zerrüttung, Marter und Plage, Falschheit und Betrug, Angst und Elend, ja zuletzt Eckel und Verdruß an allem gefunden; endlich aber, da er wieder zurück und in sein Herz gekehret, und sich allda mit seinem Gott alleine verbunden und verwahret, zur wahren und vollkommenen Ruhe und Freude des Gemüths gekommen sey. Aus diesem genannten Büchlein, will man allhier die erbaulichsten Capitel zum allgemeinen Nutzen mittheilen.

Gott lasse indessen dieses wenige dazu gesegnet seyn, daß einige Seelen dadurch ermuntert werden, von allem sündlichen und eiteln Wesen der Welt auszugehen, und die wahre Ruhe in Gott durch Christum zu erlangen sich ernstlich angelegen seyn lassen!

Inhalt der Capitel.

1 Cap. Der Pilgrim kehret aus der Irre wieder heim.
2 Cap. Er bekam Christum zu seinem Gast.
3 Cap. Seine Vereinigung mit Christo.
4 Cap. Von des Pilgrims Veränderung.
5 Cap. Er wird in die innere Kirche gewiesen.
6 Cap. Von der inwendigen Christen Erleuchtung.
7 Cap. Von der Freyheit Gottergebener Herzen.
8 Cap. Von der innerlichen Christen ihrer Ordnung.
9 Cap. Gottergebenen Herzen ist alles leicht und erträglich.
10 Cap. Die Gläubigen haben in allem Genüge.
11 Cap. Von der Sicherheit Gottergebener Herzen.
12 Cap. Daß die Frommen allenthalben Frieden haben.
13 Cap. Die Gläubigen haben beständig Freude im Herzen.
14 Cap. Der Wandersmann betrachtet die Christen nach ihren Ständen.
15 Cap. Vom Tode der gläubigen Christen.
16 Cap. Der Wandersmann erblicket die Herrlichkeit Gottes.
17 Cap. Der Wandersmann wird zum Hausgenossen Gottes angenommen.
18 Cap. Beschluß von allem diesen.

Das wiedergefundene
Paradies des Herzens.

Das 1 Capitel.
Der Pilgrim kehret aus der Irre wieder zurück in sein Inwendiges.

Als der Wandersmann im Labyrinth der Welt lange genug herum geirret, ist er endlich wieder nach Hause kommen; und da fähret er in seiner Erzehlung folgender massen fort:

Indem ich aufhörte dieses zu reden, so zitterte ich für Furcht und Schrecken; hinter mir aber hörete ich heimlich eine leise Stimme rufen: Kehre wieder! Und da ich mein Haupt aufrichtete, und mich umsahe, wer doch so rufete, und wohin er mir befehle umzukehren, so sahe ich niemand, auch nicht einmal meinen Führer, Erforschalles, als welcher mich auch schon verlassen hatte; bald aber hörete ich die Stimme von neuem erschallen: Kehre wieder! Da ich nun nicht wuste, wohin ich mich kehren, noch wie ich aus dieser Finsternis heraus kommen sollte, fieng ich an zu trauren, und siehe, die Stimme rief zum dritten mal: Kehre wieder dahin, von wannen du ausgegangen bist,

nemlich

nemlich in das Haus deines Herzens, und schleuß die Thür hinter dir zu. So bald ich nun diesen Rath vernahm, folgete ich ihm alsobald, und daran habe ich sehr wohl gethan; doch war auch dieses seine Gabe und Gnadenwerk. Ich sammlete demnach meine Gedanken, so gut als ich nur konnte; die Augen und Ohren, Mund und Nase, und alle äusserliche Sinnen schloß ich zu, und kehrete in das Inwendige meines Herzens ein. Es war aber leider! finster darinne. Doch, da ich etwas herum tappete, und mich hie und da umsahe, wurde ich ein kleines durch die Ritzen schimmerndes Licht gewahr, sahe auch oberhalb an der Decke dieses meines Zimmerleins ein grosses rundes gläsernes, aber sehr unreines und mit allerley Unflat ganz beschmiertes Fenster, daß fast kein Licht durch dasselbe dringen konnte.

Als ich mich nun bey diesem dunkeln und wenigen Lichte hier und da umsahe, erblickte ich an den Wänden einige Bilder, die ehemals von sehr schöner Kunst verfertiget gewesen, wie man es noch an der Arbeit wahrnehmen konnte; daran aber die Farben verblichen, viele Glieder zerbrochen oder abgehauen waren: und da ich näher hinzu trat, bemerkte ich noch einige Ueberschriften an denselben, als: Vorsichtigkeit, Demuth, Gerechtigkeit, Keuschheit, Mäßigkeit, 2c. In der Mitte aber des Zimmers wurde ich einige zerworfene Leitern gewahr, die ganz zerbrochen und zerschmettert waren, wie auch zerhackte und verworrene Seile und Stricke;

im-

imgleichen Flügel, daran aber die Federn ausgeraufet waren; endlich auch Uhrräder mit zerbrochenen oder zerbogenen Walzen, Zacken und Spindeln, ꝛc. welches alles hin und wieder und unter einander verworfen war.

Hierbey verwunderte ich mich, was doch das für ein jämmerlicher Zustand, und von wem dieses alles so zu nichte gemachet worden sey, und war bekümmert, wie es doch wieder könnte zu rechte gebracht werden: Ob ich nun aber gleich lange darauf sann und dachte, so konnte ich doch nichts erdenken. Indem aber wurde mir Hofnung gemacht, daß sich derjenige mir noch weiter offenbaren würde, welcher mich mit seiner Stimme aufgerufen, und so weit gebracht hätte, (es möchte derselbe auch seyn, wer er nur immer wollte,) und würde mir weitern Unterricht ertheilen: Denn es fieng mir an zu gefallen, was ich hier sogleich Anfangs gesehen, sowohl deswegen, weil dieses Zimmerlein nicht so stinkend und eckelhaft war, als die Oerter, welche ich vorher in der Welt durchgegangen, als auch darum, weil ich hier kein solch Getös und Gepolter, kein solches Sausen und Brausen, Getümmel und Gewirre, noch solche Gewaltthätigkeit und Unterdrückung, (wovon die Welt voll ist,) gesehen noch wahrgenommen, sondern alles ganz still angetroffen.

Das 2 Capitel.
Der Pilgrim bekam Christum zu seinem Gast.

Als ich davon bey mir selber nachdachte, und was weiter erfolgen würde, erwartete, siehe, da erschien mir ein helles Licht von oben, zu welchem ich meine Augen aufhub, und erblickete, daß das oberste Fenster voller Glanz war; in welchem Glanz sich einer zu mir herab ließ, der uns Menschen zwar der Statur nach gleich aussahe, aber nach der Klarheit wahrer Gott war, dessen Angesicht, ob es gleich überaus glänzete, nichts desto weniger den menschlichen Augen erträglich war; es gieng auch kein Schrecken von ihm, sondern lauter Lieblichkeit, dergleichen ich in der Welt niemals wahrgenommen. Derselbe nun redete mich, als die Leutseligkeit und Dienstwilligkeit selber, zuerst mit diesen allerangenehmsten Worten an: Sey mir willkommen! sey mir willkommen! mein Sohn und lieber Bruder! Und als er dieses sagte, umarmte er mich aufs holdseligste, und küssete mich zärtlich, daß daher mich auch ein überaus angenehmer Geruch durchdrang, und wurde mit einer unaussprechlichen Freude erfüllet, daß auch häufige Thränen aus meinen Augen flossen; wuste auch auf ein solch unvermuthetes Bewillkommen nichts zu antworten, ausser daß ich tief seufzete, und mit gedemüthigten Augen auf ihn sahe; der mich dann, als er mich für Freuden so erschrocken sahe, weiter also anredete: Wo bist du du doch gewesen, mein lieber Sohn? wo bist du so lange gewesen? wo bist du herum gegangen? was hast du in der Welt gesucht? Freude? Ey, wo anders hast du dieselbe suchen sollen, als nur in Gott? und wo Gott, als nur in seinem Tempel, und welches ist der Tempel des lebendigen Gottes, als der lebendige Tempel, welchen er sich selbst zubereitet hat, nemlich dein eigen Herz? Ich sahe dich wohl, mein Sohn, als du in der Irre giengest, und daher konnte ich nicht länger zusehen, sondern führete dich zu mir, indem ich dich zu dir selber brachte: Denn hier habe ich mir diesen Sitz und Pallast zu meiner Wohnung erwählet. Willst du nun mit mir hier wohnen, so wirst du allhier finden, was du in der Welt umsonst und vergeblich gesuchet hast, nemlich wahren Trost, Herrlichkeit und volles Genügen. Das verspreche ich dir, mein Sohn; du wirst hier nicht wie dorten betrogen werden.

Indem ich diese Rede hörete, und, daß es mein Heyland, Jesus Christus sey, von welchem ich sonst in der Welt auch etwas äusserlich und obenhin gehöret hatte, vernahm, und zwar nicht, wie in der Welt, mit Furcht und Zweifel, sondern mit völliger Freudigkeit und gänzlicher Zuversicht, so faltete ich meine Hände, reichete ihm dieselben, und sprach: Hier bin ich,

ich, mein Herr Jesu! nimm mich dir! dein will ich seyn und bleiben in Ewigkeit. Rede zu deinem Diener, und verleihe mir, daß ich gehorche. Sprich, was du willst, und gib, daß ich mir es lasse wohlgefallen. Lege auf, was dir beliebet, und gib Kraft, daß ich es könne tragen. Brauche mich, wozu du willst; gib mir nur dazu die Tüchtigkeit und das nöthige Vermögen. Befiehl, was du willst, und was du befiehlest, das gib. Mag ich doch immer nichts seyn, damit du nur selber Alles seyst!

Das 3 Capitel.
Seine Vereinigung mit Christo.

Dieses, mein Sohn, nehme ich von dir an, sprach er; beharre nur darinne; heisse und bleibe mein eigen. Du warest zwar mein, und bist es von Ewigkeit; aber vorhin wustest du dieses nicht. Ich habe für dich schon lange diese Freude zubereitet, zu welcher ich dich anjetzo einführe; aber du verstundest es nicht. Ich führete dich wunderbare Wege und durch viele Umschweife zu mir, welches du nicht erkanntest, und was ich, Regierer aller meiner Auserwehlten, damit im Sinne hatte, wustest du nicht, ja merktest nicht einmal auf mein Werk bey dir. Aber ich bin doch allenthalben mit dir gewesen, und deswegen habe ich dich eine Zeitlang durch
diese

Das 3 Capitel.

diese Umwege geführet, damit ich dich zuletzt desto näher zu mir führen möchte. Nichts konnte dich die Welt, nichts deine Führer, nichts ein weiser Salomo lehren; mit nichts konnte ich dich reich machen, mit nichts sättigen, mit nichts die Begierden deines Herzens befriedigen, denn dieses war darinne nicht zu finden, was du gesuchet hast: Aber nun will ich dich alles lehren, dich recht reich machen.

Dieses allein verlange ich von dir: Was du immer in der Welt gesehen, und was du vor menschliche Bemühungen bey weltlichen Dingen wahrgenommen, dieses sollst du nun auf mich wenden und kehren; und das soll, so lange du lebest, deine Arbeit und Beschäftigung seyn. Denn was die Menschen in der Welt suchen, und nicht finden, das will ich dir zur Genüge geben, nemlich Friede und Freude.

Du hast in deiner Pilgrimschaft gesehen, wie im Ehestande diejenigen, die einander lieb gewinnen, alles verlassen, damit sie einander zum Eigenthum ergeben seyn mögen. Thue du auch also: Verlaß alles, auch dich selbst, und übergib dich mir völlig; so wirst du mein seyn, und es wird sodann mit dir wohl stehen. So lange du aber dieses nicht thun wirst, so kannst du zu keiner Befriedigung deines Gemüths kommen; dessen ich dich gewiß versichert haben will. Denn in der Welt ist alles veränderlich, woran

du

du dich immer mit deinen Sinnen und Begierden wirst halten wollen. Ausser mir wird dich alles bald so bald anders zerstreuen und beunruhigen, zuletzt aber dich verlassen, und die Belustigung, welche du darinne gesucht, wird sich in Traurigkeit verwandeln. Derohalben will ich dir treulich rathen, mein Sohn: Laß alles fahren, und ergreife nur mich; werde mein, und ich dein! Wir wollen uns mit einander an diesem sichern Orte einschliessen, und da wirst du wahrhaftigere Ergetzungen finden, als in dem leiblichen Ehestande können gefunden werden. Suche nur mir zu gefallen, mich zum Rathgeber, Führer, Zeugen, Gesellen und Mitgenossen aller deiner Sachen zu haben, und so oft du zu mir redest, sprich: Ich allein und du, mein Herr! Um einen dritten (Mann) hast du niemals zu sorgen; halte dich nur zu mir, siehe auf mich, besprich dich liebreich mit mir, umarme mich, küsse mich, und sey hinwiederum alles dessen von mir gewärtig.

In dem andern Stande hast du gesehen, mit was für unendlicher Arbeit gewinnsüchtige Leute sich beladen, was für Vortheile sie ergreifen, und in was Gefahr sie sich wagen. Alle diese Bemühungen halte für eitel; indem du weist, daß nur ein Einiges noth sey, nemlich die Gnade Gottes. Und derohalben

Das 3 Capitel.

halben laß dir den einzigen Beruf, welchen ich dir anbefohlen, angelegen seyn; verrichte deine Arbeit treulich, aufrichtig und mit stillem Wesen; das Ende und den Ausgang aller Dingen aber laß mir befohlen seyn.

Unter den Gelehrten hast du gesehen, wie sie alles zu ergründen sich bemühen: Der Gipfel aber deiner Gelehrsamkeit sey, mich in meinen Werken zu erforschen, und wie ich dich und alle Dinge so wunderbar regiere. Hier findest du mehr Materie zum Meditiren, als jene dorten, und zwar mit unaussprechlicher Ergetzlichkeit. Anstatt aller Bibliotheken, (welche durchzulesen eine unendliche Arbeit, der Nutzen aber davon sehr geringe, der Schade hingegen sehr gemein, und die Abmattung unvermeidlich und beschwerlich ist,) gebe ich dir dieses Büchlein, (die Bibel,) in welchem du alle Künste enthalten finden wirst. Hier soll deine Grammatica (Worterklärung) seyn die Erwägung meiner Worte; deine Dialectica (Lehre Vernunftschlüsse zu machen) der Glaube an dieselben; deine Rhetorica (Rednerkunst) Gebet und Seufzer; deine Physica (Naturforschung) die Betrachtung meiner Werke; deine Metaphysica (Erforschung übernatürlicher Dinge) die Belustigung an mir und an ewigen Dingen; deine Mathematica (Meß- und Rechenkunst) die Berechnung, Ueberwegung und Abmessung meiner Wohlthaten,

wie

wie auch des Undanks der Welt gegen dieselben; deine Ethica (Tugendlehre) meine Liebe, welche dir die Regel aller Pflichten gegen mich und den Nächsten an die Hand geben wird. Alle diese Gelehrsamkeit aber wirst du nicht darum suchen zu erlangen, daß du damit praleſt, ſondern nur, daß du dich dadurch immer mehr zu mir nahest. Denn je einfältiger du bey dem allen bleiben wirſt, je gelehrter du in der That ſeyn wirſt, weil nur den einfältigen Herzen mein Licht aufgehet.

Du haſt unter den Aerzten geſehen, wie ſie allerhand Mittel ſuchen zur Beſchirmung und Verlängerung des Lebens; aber warum willſt du dich ängſtlich bekümmern, wie lange du leben ſollſt? Iſt denn ſolches in deiner Macht? Du kannſt ja nicht auf die Welt, wenn und zu welcher Zeit du wollteſt; du wirſt auch aus derſelben nicht gehen, wenn du wirſt wollen; ſondern dieſes regieret allein meine Vorſehung. Derowegen ſiehe du nur zu, daß du recht und wohl lebeſt; ich will ſchon ſehen, wie lange du leben ſollſt. Lebe einfältig und aufrichtig nach meinem Willen, ſo will ich dir zu gefallen dein Arzt ſeyn; ja ich will dein Leben und die Länge deiner Tage ſeyn. Sonſt iſt ohne mir auch die Arzney nur Gift; hingegen, wenn ich will, ſo muß Gift zur Arzney werden. Derohalben befiehl du nur mir dein

Das 3 Capitel.

dein Leben und deine Gesundheit; im übrigen bekümmere dich im geringsten nicht darum.

In und bey der Rechtsgelahrtheit hast du wunderliche und verworrene menschliche Händel gesehen, und wie man da lehret sich um seine Sachen auf mannigfaltige Art herumzerren. Bey dir sey dieses deine Rechtsgelehrsamkeit, daß du weder etwas fremdes noch eigenes einem andern misgönnest; sondern was ein jeder hat, dasselbe ihm lassest; und wenn auch jemand etwas von dem Deinen bedarf, ihm solches nicht weigerst; wenn du etwas schuldig bist, solches entrichtest; und wenn du auch über deine Schuldigkeit behülflich seyn kannst, dich auch dazu verbunden erkennest; ja, um Friedens willens alles, auch dich selbst hintan setzest, so, daß, wenn dir jemand den Rock nimmt, du ihm auch den Mantel lassest; wenn dich jemand auf den einen Backen schlägt, du ihm auch den andern darreichest. Dieses sind meine Rechte. Wirst du dieselbe beobachten, so wirst du Frieden erhalten und bewahren.

Du hast in der Welt gesehen, was die Leute bey Verrichtung des Gottesdiensts für Ceremonien treiben, und deswegen so viele Streitigkeit haben: Dein Gottesdienst aber sey, daß du mir in der Stille dienest, und dich an keine Ceremonien bindeſt, denn ich binde dich nicht an dieſelben; und wenn du mir nur, wie ich dich lehre, im Geiſt und in der Wahrheit dienen wirſt, ſo zanke weiter mit niemand, wenn ſie dich gleich einen Heuchler, oder was es immer ſeyn möchte, nenneten; ſondern ſiehe nur immer in der Stille auf mich, und warte meines Dienſtes in der Stille ab.

Unter den Obrigkeiten und Amtleuten menſchlicher Geſellſchaft haſt du wahrgenommen, wie die Leute ſich gern in die höchſten Aemter zur Beherrſchung anderer eindringen: Du aber, mein Sohn, ſo lange du lebeſt, ſiehe dich immer nach der niedrigſten Stelle um, und wünſche dir lieber zu gehorchen, als zu befehlen; denn es iſt leichter und ſicherer, ja auch bequemer, hinter andern, als vorne an der Spitze ſtehen. Wofern du aber doch jederzeit regieren und befehlen willſt, ſo regiere dich ſelber; Seel und Leib übergeb ich dir anſtatt eines Königreichs. Wie viel in dem Leibe Glieder, und wie viel in der Seele verſchiedene Bewegungen ſind, ſo viel Unterthanen wirſt du haben. Dieſe ſuche zu regieren, damit das Reich wohl beſtehe: Und wird es dabey meiner Vorſehung gefallen, dir auſſer dieſem noch etwas mehreres anzubefehlen; ſo gehe in Gehorſam daran, und verrichte es treulich, nicht wegen

eigenen

Das 3 Capitel.

eigenen Gefallens, sondern weil ich dich dazu berufen habe.

Im Stande der Kriegsleute hast du gesehen, wie man daselbst die Tapferkeit im Vertilgen und Ausrotten seines eigenen Geschlechts setzet: Ich aber will dir andere Feinde anzeigen, an welchen du von diesem Augenblick an einen tapfern Heldenmuth zu beweisen trachten sollst, nemlich den Teufel, die Welt, und deine eigene fleischliche Begierden. Gegen diese wehre dich, und jage, so gut du immer kannst, die ersten beyden von dir; die letztern aber erschlage, ermorde und tödte. Wirst du dieses Heldenmäßig verrichten, so wirst du eine herrlichere Krone, als die Welt giebt, erlangen: Dieses verspreche ich dir ganz gewiß.

Du hast auch gesehen, was die Leute auf dem Schlosse des vermeynten Glückes suchen, und worauf sie pochen, nemlich auf Güter, Wollust und Herrlichkeit: Aber achte du diese Dinge nichts, denn sie bringen keinen Frieden, sondern vielmehr Unruhe. Und warum willst du dich um viele zeitliche Güter bestreben? und wozu willst du sie verlangen? Das Leben kann mit wenigem erhalten werden, und mir kömmt es ja zu, einen jeden, der mir dienet zu versorgen. Derohalben suche dir lieber die innern Schätze, nemlich Erleuchtung und

Gottseligkeit, zu sammlen, so will ich dir alles andere zugeben. Himmel und Erde soll dir mit einem ewigen Erbrecht zugehören: Dessen sey gewiß! Es wird dich dieses auch nicht, wie jenes, quälen und martern, sondern vielmehr erfreuen.

Leute in der Welt suchen gern Gesellschaft: Du aber hüte dich für dem Getümmel, und liebe die Einsamkeit. Die Gesellschaft dient zu nichts, denn nur zu Sünden und unnöthigen Dingen, oder wenigstens zum Müßiggang und Zeitverderb. Bist du doch niemals allein: Und wenn du auch allein zu seyn scheinest, so fürchte dich nicht, denn ich bin mit dir, und die Schaaren meiner Engel; mit uns kannst du dich besprechen. Wenn du aber zuweilen auch nach einer sichtbaren Gesellschaft begierig seyn möchtest, so suche dir solche, die eben dieses Geistes sind, damit eure Gemeinschaft und Gesellschaft dahin gerichtet sey, daß ihr euch mit einander in Gott gründet und stärket.

Jene setzen im Wohlleben, überflüßiger Speise und Trank, und lachen ihr Vergnügen: Dir sey hingegen lieb, mit mir und meinetwegen, wenn es die Noth erfordert, zu hungern, zu dursten, und zu weinen, auch Wunden und alles zu leiden. Werde ich dir aber etwas zur leiblichen Ergetzung darreichen, so

kannst

kannst du dich dabey auch, (doch nicht wegen der Sache, sondern um meiner willen,) und in mir erfreuen.

Dort hast du gesehen, wie sie nach Herrlichkeit und Ehre trachten: Du aber achte nicht der Leute Reden; ob sie von dir Gutes oder Böses sprechen, da liegt nichts daran. Wenn Ich nur mit dir zufrieden bin, und du nur weist, daß du mir gefälleft; sonst frage weiter nichts darnach, ob du den Leuten gefällest, deren Gunst nur unbeständig, unvollkommen und ganz verkehrt ist: Denn sie lieben öfters, was hassenswürdig ist, und was Liebenswürdig das hassen sie. Man kann unmöglich jedermann gefallen. Willst du einem gefallen, so werden viele andere einen Abscheu für dir haben. Demnach so laß alles fahren, und siehe auf mich alleine, so wirst du am besten thun. Wenn wir nur uns mit einander in gutem Vernehmen befinden werden, so wird weder dir noch mir der Menschen Zunge etwas zulegen oder benehmen können. Suche nicht vielen bekannt zu seyn, mein Sohn. Dein Ansehn sey im Niedrig werden; und, wenn die Welt auch (wo es möglich wäre,) gar nichts von dir wüste, das ist das allerbeste und sicherste. Indessen werden doch meine Engel von dir wissen, und mit dir sprechen, auf deinen Dienst bedacht seyn, und deine Werke auf Erden sowohl als im Himmel, wenns noth seyn wird, verkündigen: Deſſen ſey verſichert! Sonderlich, wenn die Zeit der Verbeſſerung aller Dinge kommen wird, werdet ihr alle, die ihr euch mir ergeben, zu unausſprechlicher Herrlichkeit vor den Engeln und vor der ganzen Welt herbey geführet werden; gegen welcher Herrlichkeit aller Pracht dieſer Welt weniger als ein Schatten iſt.

Derohalben, mein Sohn, ſage ich dir noch kürzlich und in einer Summa; Haſt du Güter, Wiſſenſchaft, Schönheit, Verſtand, Menſchengunſt, und was immer in der Welt vortreflich genennt wird, ſo erhebe dich deswegen nicht; haſt du es aber nicht, ſo achte es auch nicht, ſondern laß alle dieſe Dinge, ſie mögen ſich bey dir oder andern befinden, drauſſen bleiben, und habe du deinen Umgang innerlich allein mit mir. Und alſo ſuche dich von allen Creaturen zu entblöſſen, ja auch dir ſelber abzuſagen; ſo wirſt du mich finden, und in mir die Fülle des Friedens genieſſen können: Das verſprech ich dir.

Darauf antwortete ich nun: Herr mein. Gott, ich erkenne, daß du ſelber alles biſt. Wer dich hat, kann leichtlich die ganze Welt entbehren, weil er in dir mehr hat, als er begehren kann. Ich habe bis anhero geirret, jetzt aber werde ich verſtändiger. In der Welt bin ich

herum

herum gewallet, und habe Ruhe in den erschaffenen Dingen gesuchet; aber jetzt wünsche ich von Stund an ausser dir keine andere Ergetzung. Dir ergebe ich mich gleich anitzo ganz und gar. Stärke du mich nur selber, damit ich von dir nicht zu den Geschöpfen wieder hinfalle, und die Thorheit, welcher die Welt voll ist, aufs neue begehe. Deine Gnade bewahre mich! denn auf dieselbe verlaß ich mich allein.

Das 4 Capitel.
Von des Pilgrims Veränderung.

Da ich dieses so redete, bekam ich noch ein grösser Licht, und sahe die Bilder, welche ich vorher verstümmelt und zerbrochen gesehen hatte, wieder ganz, zierlich und schön, ja daß sie sich auch vor meinen Augen anfingen zu bewegen. Desgleichen auch die zerschmetterten und zerbrochenen Räder wurden vereiniget, und zu einer vortreflichen Maschine, die einem Uhrwerk gleich war, welches den Lauf der Welt und die wunderbaren Werke Gottes abbildete. Ja auch die Leitern wurden wieder zurechte gebracht, und hierauf gegen dem obern Fenster, durch welches das himmlische Licht herein strahlet, gestellet, daß man durch dasselbe, wie ich merkete, durchsehen konnte. Die Flügel aber, die ich vorher mit ausgerauften Federn gesehen hatte,

hatte, bekamen neue grosse Federn, welche mein Herr, der mit mir redete, nahm, und mir anheftete, und zu mir sprach: Mein Sohn, ich wohne an zween Orten, im Himmel in meiner Herrlichkeit, und auf Erden in gedemüthigten Herzen; und daher will ich, daß du auch von nun an zwo Wohnungen habest, eine hier daheime, allwo ich dir versprochen bey dir zu wohnen, die andere aber bey mir im Himmel; und damit du dich dahin aufschwingen könnest, so geb ich dir diese Flügel, welche sind das Verlangen nach ewigen Dingen, und das Gebet. Du wirst damit können, wenn es dir beliebig seyn wird, dich zu mir hinauf schwingen, und also du mit mir, und ich mit dir Vergnügen habe.

Das 5 Capitel.

Der Pilgrim wird in die innere Kirche gewiesen.

Damit du aber hierinn besser gegründet werdest, und dasjenige Vergnügen, wovon du jetzt vernommen, in der That erfahrest, so sende ich dich unter andere meine Diener, welche vorhin die Welt verlassen, und sich mir ergeben haben, damit du ihre Art und Wesen sehen möchtest. Ey, wo wohnen sie, mein Herr? sprach ich; wo soll
ich

ich sie suchen? Er antwortete: Sie wohnen in der Welt unter andern Menschen zerstreuet; aber die Welt kennet sie nicht. Du aber, damit du sie erkennest, und damit du, weil du in der Welt noch seyn must, bis ich dich von hinnen nehme, für Betrug sicher seyst, so will ich anstatt der Brillen und des Zaums, mit welchen du vorhin umgeben warest, anjetzo mein Joch, welches mein Gehorsam ist, dir auflegen, daß du hinfüro sonst niemand auſſer mir folgeſt: dazu gebe ich dir noch gegenwärtiges Perspectiv, durch welches du die Eitelkeit der Welt, wenn du sie betrachten willst, noch besser erkennen, wie auch die Freude meiner Auserwehlten wahrnehmen wirst. Dieses Perspectivs äuſſerlicher Umfang ist das Wort Gottes, das inwendige Glas aber der Heilige Geist. Anjetzo gehe, sprach er, an den Ort, den du vorhin verfehlet hast, da wirst du solche Dinge sehen, welche du sonst ohne dieses Hülfsmittel nicht sehen können.

Als ich mich nun erinnerte, wo ich gefehlet hatte, stund ich sogleich auf, und gieng begierig und eilfertig fort; und ob schon das Getümmel der Welt um mich war, so habe doch dasselbe nicht einmal gemerket. Darauf trat ich in den Tempel, welcher die Christenheit genannt wurde, und als ich in dem inwendigsten Theil desselben, welches das innere Chor heiſſet, hinter den Vorhang trat, und nicht Acht hatte auf die auf beyden Seiten sich unter einander zankenden Secten, wurde am ersten gewahr, was das für ein besonderer Winkel war, nemlich daß es Praxis Christianismi, oder die **Uebung des Christenthums** genennet wurde. Vor welchem ein doppelter Vorhang war, erstlich ein äusserlicher, welcher von aussen konnte gesehen werden, und derselbe war von dunkeler Farbe, genannt Contemtus mundi, oder **Verschmähung der Welt**; der andere und inwendige war glänzend, genannt Amor Christi, oder **Liebe Christi**: Und da sahe ich, daß mit diesen beyden Decken dieser Tempel umgeben, und von andern unterschieden wurde. Den innern Vorhang konnte man aber von aussen nicht sehen. Wer nun hinter denselben einging, der wurde gleich anders, als andere Menschen, nemlich voll von Glückseligkeit, Freude und Friede.

Da ich nun noch so auswärts stunde und zusahe, so erblickte ich eine wunderbarliche und entsetzungswürdige Sache, nemlich, daß so viel tausend Menschen jederzeit um diese Wohnung herum gehen; aber so wenige in dieselbe eingehen, vielleicht weil sie sie nicht sehen, oder gar nicht achten, indem sie von aussen so schlecht anzusehen. Auch Schriftgelehrte und Priester, Bischöfe und viele andere, die sich grosse Heiligkeit einbilden, sahe ich rings herum gehen, etliche auch etwas hinein sehen, die aber doch
nicht

Das 5 Capitel.

nicht hinein giengen; welches mich sehr betrübete. Wenn aber jemand recht nahe trat, so wurde ich gewahr, daß ihn entweder durch ein Ritz ein Licht anschien, oder daß ihm ein liebreicher Geruch entgegen kam, und ihn nach sich zog, daß er daher nichts anders verlangete, als zu suchen, wie und wo er da hinein kommen könnte. Da aber auch etliche von denselben die Thür zu suchen anfiengen, und wieder zurück sahen, wenn sie der Glanz von den Eitelkeiten der Welt wieder anschien, so giengen sie wieder zurücke.

Die eigentliche Ursache aber, warum so wenige da hinein kommen, habe ich wahrgenommen, als ich zu der Thür des Vorhanges eintrat, nemlich, daß es das überaus scharfe Examen war, welches daselbst gehalten wurde. Denn wer da hinein wollte, der muste alle sein Vermögen, wie auch Augen und Ohren, seinen Verstand und Herz von sich weggeben, weil sie sprachen: Wer will Gottweise seyn, der muß sich selber ein Narr werden; wer zu Gott kommen will, muß alles andere vergessen; wer Gott haben will, muß alles andere verlassen. Derohalben, als etliche von ihrem Vermögen und Wissenschaften nicht wollten ablassen, sich unter einander zanketen, und vorgaben, daß solches zum Himmel behülflich sey, blieben sie draussen, und giengen nicht hinein: Welche aber hinein gelassen wurben, benen, wie ich sahe, wurden nicht allein die Kleider besichtiget, damit sich in denselben nicht etwas von der Eitelkeit der Welt verberge, sondern, welches sonst ungewöhnlich, es wurde auch das Innerste selbst, nemlich Haupt und Herz zergliedert, damit nicht etwas unreines Gottes Wohnung beflecken möchte. Welches dann ohne besondern Schmerz nicht auszuhalten war; vermittelst himmlischer Arzney aber wurde es doch so bequem verrichtet, daß daher das Leben mehr vermehret als vermindert wurde. Denn anstatt des Blutes, welches bey dem Stechen und Schneiden vergossen wurde, entzündete sich in den Gliedern ein gewisses Feuer, welches den Menschen ganz verwandelte, also, daß ein jeglicher von ihnen sich über sich selbsten verwunderte, daß er so thöricht gewesen, und sich bishero mit unnützen Bürden beschweret hätte, und das, was die Welt Verstand, Herrlichkeit, Freude, Reichthum (denn in der Wahrheit sind dieses alles nur lauter Beschwerden,) nennet, auf sich genommen. Hier sahe ich, wie die Lahmen hüpfeten, die Stammlenden gesprächig waren, die Albern Weltweise beschämeten, und die nichts hatten, sagten, daß sie alles hätten.

Als ich nun dieses sogleich bey der Thür gewahr wurde, gieng ich tiefer hinter den Vorhang

hang, und sahe auf ihre Sachen, (zuerst aber betrachtete nur alles äusserlich und überhaupt, hernach aber etlicher ihren Stand und Beruf besonders,) mit ganz unaussprechlicher Freude, und merkete, daß hier alles ganz anders war, als in der Welt. Denn in der Welt hatte ich allenthalben Blindheit und Finsterniß gesehen; hier aber wurde ich ein helles Licht gewahr: In der Welt hatte ich Betrug, hier aber hatte ich die Wahrheit wahrgenommen: In der Welt war alles voll Unordnung; hier aber die schönste Ordnung: In der Welt war nichts als Unruhe; hier aber lauter Friede: In der Welt nichts als Bekümmerniß und Verdruß; hier aber Freude und Vergnügen: In der Welt Mangel; hier aber Ueberfluß: In der Welt Knechtschaft und Sclaverey; hier aber die gröste Freyheit: In der Welt war alles beschwerlich; hier aber alles leicht: In der Welt waren überall betrübte Zufälle; hier lauter Sicherheit: Welches alles ich jetzt etwas umständlicher erzehlen will.

Das 6 Capitel.
Von der inwendigen Christen Erleuchtung.

Die Welt und wer in derselben herum tappet, richtet sich bloß nach Meynungen, indem einer sich nach dem andern in seinem Thun richtet

tet, und daher wie ein Blinder tappet, der hier und da anstösset. Aber diesen leuchtet innerlich ein zweyfaches helles Licht, nemlich das Licht des Verstandes, und das Licht des Glaubens, welche beyde der Heil. Geist ordnet und regieret.

Denn ob sie wohl beym Eingang in den innern Tempel, ihren Verstand ablegen, und demselben absagen müssen, so giebt ihnen der Heil. Geist hernach wieder einen gereinigten und auspolirten Verstand, also, daß sie gleichsam voller Augen sind allenthalben, wo sie in der Welt herum gehen; was sie immer über sich, unter sich und um sich sehen, hören, riechen, schmecken, darinn sehen sie allenthalben die Fußstapfen Gottes, und können alles sehr wohl zur Gottesfurcht anwenden. Und hierinn sind sie gewiß verständiger, als alle Weltweise, welche Gott durch gerechtes Urtheil verblendet, daß, da sie sich alles zu wissen einbilden, sie doch nichts wissen, weder was sie haben, noch was sie nicht haben, weder was sie machen, noch was sie machen sollen. Wissen auch nicht zu sagen, wohin und zu welchem Ziel ihr Gang gerichtet sey, oder wohin sie kommen werden; indem ihre Erkänntniß nur bey Schalen stehen bleibet, das ist, indem sie nur im Aeusserlichen herum gaffen; zum innern Kern aber, welcher die allenthalben ausgebreitete Herrlichkeit Gottes ist, gelangen sie nicht. Ein wahrer Christ

Chrift aber ſiehet, höret, fühlet, riechet, ſchmecket Gott in allem, was er ſiehet, riechet, höret, betaſtet, und empfindet; iſt auch allenthalben deſſen gewiß und verſichert, daß dieſes nicht Einbildung ſondern gewiſſe Wahrheit ſey.

Beſonders aber leuchtet ihm das Licht des Glaubens helle, womit er nicht nur, was er ſiehet, höret, und vor ſich gegenwärtig hat, ſondern auch alles, was nicht gegenwärtig, oder unſichtbar iſt, ſiehet und erkennet. Denn Gott hat gewißlich in ſeinem Worte auch das, was über dem Himmel in der Höhe, und unter der Erden im Abgrund iſt, imgleichen, was vor der Welt geweſen, und nach derſelben ſeyn wird, uns verkündiget; dem ein Chriſt daher alſo glauben ſoll, als wenn er alles dieſes vor Augen hätte. Worein die Welt ſich aber nicht finden kann; denn ſie will ſehende Hände haben, damit ſie dem, was ſie in Händen hat, nur glaube: Ein Chriſt aber verläßt ſich getroſt auf die unſichtbaren, nicht gegenwärtigen und noch zukünftigen Dinge, ſo, daß er deswegen an den ſichtbaren und gegenwärtigen einen Eckel hat. Die Welt will nur immer Beweisgründe; ein Chriſt hat genug an Gottes bloſſen Worten: Die Welt ſuchet Verpfändung, Bürgſchaft, Briefe und Siegel; ein Chriſt aber hält den Glauben über alle Gewißheit: Die Welt ſiehet ſich mannigfaltig vor,
probiret,

probiret, verſuchet und erforſchet alles; ein Chriſt aber waget alles auf Gottes Wahrheit: Und da die Welt alſo jederzeit etwas hat, wo= bey ſie ſich aufhält, zweifelt, fraget und über= leget; ſo hat hingegen ein Chriſt jederzeit gewiſ= ſen Grund, warum er zuverſichtlich glauben, gehorſam ſeyn, und ſich Gott gänzlich unter= geben könne, weil ihm das Licht des Glaubens leuchtet, und er daher ſehen und wiſſen kann, daß es unveränderlich ſey, und auch nicht an= ders ſeyn könne, als wie es Gott verheiſſet, ob er gleich mit dem Lichte des Verſtandes nicht vermag alles zu erreichen.

Da ich nun mich in dieſem Lichte auch um= ſahe, habe ich die wunderbareſten und merkwür= digſten Dinge erblicket, und zwar häufiger, als ich ausſprechen oder nur etwas erzehlen kann. Ich will aber doch nur etwas weniges davon berühren: Vor mir ſahe ich dieſe Welt als ein ſehr groſſes Uhrwerk, wel= ches aus verſchiedenen ſichtbaren und un= ſichtbaren Materien zuſammen geſetzet, aber nur gläſern, durchſichtig und ganz zerbrechlich war, und über tauſend, ja tauſendmaltauſend groſſe und kleine Spin= deln, Räder, Hacken, Zacken und Kurbeln hatte, ſo daß ſich alles daran bewegte und regte; eines ging durch das andere, eines ſachter und ſtiller, ein anders aber geſchwinder und mit gröſſerm Gepolter. In der Mitte aber ſtund das allergröſte
Haupt=

Hauptrad, welches doch unsichtbar war, und von dem der andern aller ihre unterschiedene Bewegungen herrühreten, auf eine ganz unbegreifliche Art: Denn der Geist dieses Rades durchdrang und regierete alles; und ob gleich nicht völlig zu begreifen war, wie solches alles geschähe, so sahe ich doch, daß es wahrhaftig geschahe. Dieses aber war mir dabey sehr merkwürdig und angenehm, daß, obwohl alle diese Räder so durch einander giengen, und sich hin und her bewegeten, auch zuweilen Zacken und auch Räder nebst den Spindeln sich verrücketen, und dahin fielen, der sichtbare Lauf doch nicht aufhörete, dieweil dieses auf eine wunderbare Art diese geheime Regierung wieder ersetzete, erfüllete und wieder erneuerte.

Ich will es deutlicher sagen: Ich sahe die Herrlichkeit Gottes, wie von desselben Krafe und Gottheit die Himmel voll sind, ja wie auch die Erde und der Abgrund, und was man ausserhalb der Welt bis in die entferntesten Ewigkeiten überdenken kann, durch die Allmacht Gottes erhalten und regieret wurde. Der Grund aber alles dessen war, daß, was immer auf dieser ganzen breiten Welt geschiehet, nach seinem Willen geschiehet; und das habe ich sowohl in den allergrößten als allerkleinsten Dingen wahrgenommen.

Damit ich aber von den Menschen besonders gedenke, so wurde ich gewahr, daß alle und

und jede, sowohl Gute als Böse, nur in Gott und aus Gott ihr Leben haben, durch denselben sich bewegen, und in ihrem Wesen bleiben, daß auch alle ihre Bewegung und Athemholen bloß aus Gott und seiner Macht herrühre. Ich sahe, wie seine sieben Augen, deren jedes tausendmal heller als die Sonne, die ganze Erde durchgehen, und alles, was sowohl im Lichte als in der Finsterniß, offenbar und ingeheim, auch sogar in den tiefesten Oertern geschiehet, in Augenschein nehmen, und allen Leuten immerdar ins Herze sehen. Ich sahe auch, wie seine Barmherzigkeit sich auf alle seine Werke ergießet und ausbreitet; am sonderbarsten aber an der Seite, wo sie die Menschen berühret. Denn da sahe ich, wie er sie alle liebet, und ihr Bestes suchet, die Kinder duldet, denen Uebertretern nachsiehet, denen Irrenden zurufet, die Umkehrende annimmt, auf die Verzögerende wartet, die Zurückweichende mit Verschonen träget, denen, so ihn zum Zorn reitzen, übersiehet, denen Bußfertigen vergiebet, die Gedemüthigten mit Gnade umfänget, die Unwissenden lehret, die Betrübten tröstet, für dem Falle warnet, nach dem Falle aufrichtet, denen so ihn bitten, giebet, denen so ihn nicht bitten, seine Gaben selber

selber darreichet, denen Anklopfenden aufthut, bey denen aber, die nicht anklopfen, selber anklopfet, von denen Suchenden sich finden lässet, denen, so ihn nicht suchen, selber vor die Augen tritt. Doch sahe ich auch dabey seinen erschrecklichen und grausamen Grimm gegen die Unbändigen und Undankbaren, wie er dieselben in seinem Zorn verfolget und erhaschet, wo sie sich auch immer hinwenden, also, daß sie unmöglich seiner Hand entgehen können, in welche zu fallen ganz unerträglich ist. In Summa: Hier sehen alle Gottergebene, wie der Ernst und die Majestät Gottes über alles herrschet, und allein nach seinem Willen so wohl die kleinsten als die größten Dinge geschehen.

Das 7 Capitel.
Von der Freyheit Gottergebener Herzen.

Dannenhero erlangen sie dasjenige, was die Weisesten dieser Welt mit ihren Unternehmungen vergeblich suchen, nemlich die vollkommene Freyheit des Gemüths, daß sie keinem Dinge, ohne allein ihrem Gott unterworfen und verbunden seyn dürfen, auch wider ihren Willen nichts schuldig sind zu thun; da ich sonst allenthalben in der Welt lauter Zwang und Widerwillen

willen gesehen, indem einem jeden seine Sachen anders gehen, als er sich wünschet, und ein jeder sich mehr an sich selbst und andere bindet, als sichs gebühret, weil er entweder von der Gewalt seines eigenen oder anderer Willens gezogen wird, und daher immer entweder mit sich selbst oder mit andern zu streiten hat. Hier aber ist alles stille: Denn da ein jeglicher unter ihnen sich Gott gänzlich ergiebet, so achtet er keines andern Dinges, und erkennet niemanden höher über sich als Gott. Derohalben gehorchen sie dem Befehl der Welt nicht, werfen ihre Verheissungen von sich weg, verlachen ihre Bedrohungen, und achten alles Aeusserliche für geringe, weil sie ihres innern Gutes gewiß und und versichert sind.

Daher kommts, daß ein Christ, ob er wohl sonst leicht mit sich umgehen läßt, und sich jedem dienstwillig erweiset, doch nach der Freyheit des Herzens und Gewissens niemanden weichet. Er bindet sich weder an Freunde noch Feinde, weder an Herren noch an Könige, weder an Weib noch Kinder, auch nicht an sich selbst, daß er jemanden zu gefallen etwas von seinem Vorsatz Gott zu fürchten ändern sollte; sondern er gehet allenthalben mit graden Schritten einher. Was die Welt immer machet, erzehlet, drohet, verheisset, befiehlet, bittet, räth, nöthiget, das lässet sich niemals bewegen.

Die

Das 7 Capitel.

Die Welt, wie sie allenthalben verkehrt ist, und anstatt der Wahrheit nur nach dem Schatten greifet; so thut sie auch hier, indem sie die Freyheit darinne setzet, daß derjenige, welcher seine Freyheit besitzt, sich niemanden in einiger Sache sollte verpflichten; womit sie aber entweder Trägheit, oder Hoffart, oder Fleischesgemächlichkeit an den Tag leget. Aber ein Christ verhält sich weit anders, als welcher nur das Herze wohl verwahret, damit es bey seiner Freyheit Gott ergeben bleibe; alles andere aber wendet er zu des Nächsten Nothdurft an. Daher ich gesehen und erkannt habe, daß über einen Gottergebenen in der Welt nichts, nichts dienstwilligers, ja ich mag wohl sagen, nichts leibeigeners ist, indem er auch in dem allerverächtlichsten Dienst sich ganz willig und mit Freuden ergiebet, dessen sich ein von der Welt bethörter schämen möchte. Wenn dieser aber nur etwas siehet, das dem Nächsten könnte erprießlich seyn; so bedenckt er sich nicht lange, schiebet es nicht auf, schonet auch seiner selbst nicht dabey, macht die gethane Dienste nicht groß, entziehet sich nicht denselben, und wird niemals müde darinne. Er mag Dank oder Undank dafür bekommen, so dienet er nichts desto weniger immer in der Stille mit Freuden, so gut er nur kann.

O selige Dienstbarkeit der Kinder Gottes! über welche nichts freyers erdacht werden kann; indem sich der Mensch selbst Gott unterwirft, damit er sonst von allem andern möchte frey seyn. Hingegen, o unselige Freyheit der Welt, über welche nichts sclavischers seyn kann! Denn da der Mensch Gott selbst nicht achtet, so läßt er sich von andern Dingen elendiglich zum leibeigenen Sclaven machen, nemlich, wenn er denn Geschöpfen dienet, über welche er herrschen sollte, und Gott widerstrebet, dem er gehorchen sollte. O ihr Sterblichen! wenn wollen wir doch dieses verstehen und beherzigen, daß nur ein Einiger, ich sage, nur ein Einiger der Höchste über uns ist? nemlich der Jehovah, unser Schöpfer und künftiger Richter, welcher, da er allein Macht hat uns zu befehlen, so befiehlet er uns doch nicht als Sclaven, sondern locket uns, wie die Kinder zu seinem Gehorsam, und will uns freywillig und nicht gebunden haben, auch wenn wir gehorchen. Denn gewiß, Christo dienen, ist so viel als herrschen; und ein Unterthan Gottes seyn, ist eine grössere Herrlichkeit, als wenn einer der ganzen Welt Monarche wäre; noch viel was mehrers aber ist, ein Freund und Kind Gottes zu seyn.

Das 8 Capitel.
Von der innerlichen Christen ihrer Ordnung.

Es will zwar Gott der Herr seine Kinder freywillig, aber nicht muthwillig haben. De-

Das 8 Capitel.

rowegen hat er sie mit gewissen Ordnungen umzäunet, die besser und vollkommener als aller Welt Rechte und Satzungen sind. Denn in der Welt ist alles voller Unordnung, indem man eines Theils, wie ich gesehen, keine gewisse Einrichtung hat, oder, wenn sie auch noch einige haben, dieselbe nicht beobachten. Aber die hinter diesem Vorhang wohnen, haben nicht allein eine angenehme Ordnung, sondern beobachten auch dieselbige. Denn sie haben von Gott selbst ihnen gegebene Rechte, welche lauter Gerechtigkeit in sich halten, worinn ihnen anbefohlen ist: Daß 1) ein jeder Gottergebener ihn nur allein für den einigen Gott habe und erkenne; 2) ihm im Geist und in der Wahrheit, ohne alle fleischliche Begriffe und Bilder diene; 3) seine Zunge nicht zur Verletzung, sondern zur Verherrlichung seines glorwürdigsten Namens gebrauche; 4) die Zeit und Weile, welche zu seinem Dienst gewidmet ist, zu keinem andern als zu seinem innerlichen und äusserlichen Dienste anwende; 5) seinen Eltern und andern ihm von Gott vorgesetzten unterthänig sey; 6) dem Leben seines Nächsten nicht schade; 7) die Keuschheit des Leibes bewahre; 8) fremde Sachen sich nicht zueigne; 9) sich für Falschheit und Betrug hüte; und 10) zuletzt das Gemüth in gehörigen Schranken halte.

Die Summa aber alles dessen ist, daß ein jeglicher Gott über alles, was nur kann genennet werden, liebe, und seinem Nächsten wie sich selbst gewogen sey: Welche zwey Worte ich als den kurzen Inbegrif der Rechte Gottes über alle Massen loben hörete. Auch habe ich selbst erfahren und gesehen, daß sie über die unzehliche Gesetze, Rechte und Ordnungen der Welt gehen, ja tausendmal vollkommener als dieselben sind.

Denn wer Gott von ganzem Herzen liebet, dem ist nicht nöthig, vieles vorzuschreiben, wann, wo, wie, und wie oft er Gott dienen, sich beugen und ihn ehren soll; weil selbst die herzliche Vereinigung mit Gott, und die Bereitwilligkeit zu seinem Gehorsam ihm der allerangenehmste Dienst ist, treibet den Menschen auch dazu an, daß er jederzeit und allenthalben in sich selbst lebe, und mit alle seinem Thun und Lassen auf desselben Ehre bedacht sey. Also, wer seinen Nächsten als sich selbst liebet, bedar nicht weitläuftige Verordnungen, wo, wenn und worinn er sein Bestes wahrnehmen, und in was er ihm nicht schaden, oder womit er seine schuldige Pflicht abstatten solle; denn die Liebe zeiget ihm zur Genüge, wie er sich gegen ihm verhalten solle: Hingegen ist es eines bösen Menschen Anzeigen, wenn er immer Recht haben will, und was gethan werden soll, nur immer aus dem vorgeschriebenen Spannzettel wissen will;

Das 8 Capitel.

will; sintemal im Herzen uns der Finger Gottes zeiget, daß, was wir wollen, daß es uns geschehe, wir auch dem Nächsten zu thun schuldig sind. Weil aber die Welt auf das innere Zeugniß des Gewissens nicht Acht giebet, und immer auf äussere Ordnungen siehet; so geschiehts, daß keine rechte Ordnung in der Welt zu finden, sondern nur Verdacht, Mißtrauen, Mißverständniß, Neid, Streit, Stehlen, Morden, und was dessen mehr ist. Gott recht Ergebene aber geben nur allein auf ihr Gewissen Acht: Was ihnen dasselbe verbietet, darein begeben sie sich nicht; hingegen, was es ihnen als nöthig zeiget, daß es gethan werden solle, das thun sie, und achten dabey weder Gewinn, Gunst, oder was es immer seyn mag.

Daraus entspringet nun eine besondere Gleichheit, und daß sie einander ganz ähnlich sind, als wenn sie alle in eine Form gegossen wären. Alle denken einerley, gläuben einerley, wollen und verwerfen einerley; weil sie von einem Geist gelehret und getrieben werden; und was zu verwundern, und ich hier mit Vergnügen gesehen, daß Leute, welche einander niemals gesehen, noch von einander etwas gehöret, auch in der Welt sehr weit von einander entfernet, doch einander so ähnlich sind, als wenn einer dem andern aus den Augen geschnitten wäre, ja als wenn einer in dem andern stäcke; indem sie einerley reden, sehen und empfinden. Also, daß, obwol in den Gaben ein grosser Unterscheid zu spüren, wie an einem musicalischen Instrument unterschiedene Säiten und Pfeiffen sich befinden, deren einige einen klärern, andere einen gröbern Ton von sich geben, zusammen aber doch eine liebliche Harmonie zuwege bringen, (welches die Christliche Einigkeit gar besonders abbildet, und ein Vorbild der seligen Ewigkeit ist,) sie auch so unter einander vereiniget und verbunden sind, daß alles von ihnen in einem Geiste geschiehet.

Aus dieser Gleichheit entspringet auch ihre Empfindlichkeit, und daß, wenn sich einer freuet, sie sich alle freuen, und, wenn einer traurig ist, sich alle andere mit betrüben. Dagegen habe ich in der Welt eine überaus schlimme Sache wahrgenommen, welche mich gar oft betrübet hat; Daß, wenn es einem übel gienge, andere darüber frohlockten; wenn einer irrete, andere lacheten; wenn er Schaden litte, andere ihren Gewinn dabey suchten; ja ihre Freude und Ergetzlichkeit darüber hatten, wenn sie ihren Nächsten selbst zum Fall und Schaden bringen konnten. Hier aber fand ichs ganz anders: Denn ein jeder suchte von seinem Nächsten Unglück und Schaden so fleißig, als von sich selber, abzuwenden, und, wenn er es nicht abwenden konnte, betrübete er sich nicht anders, als wenn es ihm selber betroffen hätte, (wie es ihn denn auch wirklich betraf,

weil

Das 8 Capitel.

weil sie alle ein Herz und eine Seele waren.) Denn gleichwie die eiserne Zünglein in denen Compaßen, welche mit dem Magnet bestrichen sind, sich alle auf eine und eben dieselbe Seite der Welt wenden; also sind auch dieser ihre Herzen mit dem Geiste der Liebe angestrichen, daß sie alle sich auf eine und eben dieselbe Seite, nemlich im Glück zur Freude, im Unglück aber zur Traurigkeit wenden. Und da habe ich erkannt, daß dieses falsche Christen sind, welche nur ihre eigene Sachen fleißig treiben und in Acht nehmen, den Nächsten aber nichts achten, ja wo die Hand Gottes einen rühret, sich geschwind abkehren, und nur ihr eigen Nest bewahren, anderer ihre Sachen aber im Winde und Regen laßen. Hier aber habe ich das Gegentheil wahrgenommen: Wenn einer litte, frohlockten die andern nicht; wen einen hungerte, lebten die andern nicht herrlich und in Freuden; wenn einer im Kampf stunde schliefen die andern nicht. Und da alles so gemeinschaftlich geschahe, war es recht lieblich anzusehen.

Was ihre Güter betrift, so sahe ich, daß, ob sie wohl größten Theils arm waren an dem, was die Welt Reichthum und Vermögen nennet, sie bey ihrer geringen Habseligkeit doch vergnügt lebeten, und ein jeder doch allezeit etwas seines eigenen hatte; doch also, daß er sich damit nicht versteckte, und vor andern (wie es in der Welt geschiehet) verbarg, sondern hielte alles bereit, zum gemeinen Dienst darzugeben, und wenn es jemanden nöthig war, reichete er es willig dar: Also, daß alle untereinander mit ihren Gütern nicht anders umgiengen, als Leute, die an einem Tische speisen, mit dem Geschirr umgehen, welches sie gemeinschaftlich mit einerley Recht brauchen.

Als ich nun dieses sahe schämete ich mich, daß bey uns oft das Widerspiel wahrgenommen wird; indem einige ihre Häuser mit köstlichen Gefässen, Kleidern, Nahrung, Gold und Silber an= ja überfüllen, wie sehr sie nur immer können; da indessen andere, die nicht minder Gottes Diener sind, kaum haben, daß sie sich bedecken oder nähren können. Als ich dieses sahe, erkannte ich, daß dieses nicht Gottes Wille, sondern der Welt, und zwar der verkehrten Welt Lauf und Brauch sey, wenn einige geschmücket, andere nackend einher giengen; einige sich mit Speis und Trank so überfülleten, daß sie es wieder von sich geben mußten, andere aber für Hunger ächzeten; einige sich ihr Brod mühsam verdieneten, andere aber die Gaben Gottes liederlich durchbrachten; einige sich belustigten, andere dagegen weineten: Woraus bey einigen Hoffart und Verachtung, bey andern Neid und Mißgunst, und viel anderes Unheil entstund. Hier aber ist nichts dergleichen wahrzunehmen, sondern man hat alles gemein, auch die Seele selbst.

Daraus

Das 8 Capitel.

Daraus folget ihre gemeinschaftliche Vertraulichkeit, Offenherzigkeit und heilige Gesellschaft, also, daß sie sich alle unter einander, wie sehr sie auch nach den Gaben und Beruf von einander unterschieden, für Brüder haben und halten. Denn sie sagen, daß wir alle aus einem Blute herstammen, mit einem Blute erkaufet und abgewaschen, eines Vaters Kinder, eines Tisches Genossen sind, und ein Erbtheil im Himmel mit einander zu erwarten haben; daher einer vor dem andern (die zufälligen Dinge ausgenommen) nichts habe. Derohalben habe ich gesehen, wie einer dem andern mit Ehrerbietung und Liebe zuvor kam, und wie sie einander willig dieneten, auch ein jeder seinen Ort und Stand zu anderer ihren Nutzen anwendete. Wer rathen konnte, der rieth; wer Wissenschaft besaß, lehrete; wer Stärke und Vermögen hatte, vertheidigte andere; wer Gewalt und Ansehen überkommen, der hielt gute Ordnung. Irrete aber jemand, so erinnerten ihn andere; sündigte jemand, so bestraften sie ihn; wie sich denn auch ein jeglicher von ihnen gern erinnern und bestrafen ließ, und war bereit, wenn ihnen was verwiesen worden, sich zu bessern, ja auch den Leib von sich zu geben, wenn es ihm konnte dargethan werden, daß er ihm nicht angehöre.

Das

Das 9 Capitel.
Gottergebenen Herzen ist alles leicht und erträglich.

Es kommet sie auch keinesweges schwer an in solcher Ordnung zu stehen, sondern es ist ihnen vielmehr lieblich und angenehm; hingegen aber habe ich in der Welt gesehen, daß ein jeglicher nur gezwungener Weise stehe in dem, worinn er stehen muß. Diesen aber hat Gott ihre steinerne Herzen weggenommen, und ihnen fleischerne, beugsame und zu Vollbringung alles Willens Gottes willige Herzen gegeben. Und ob wol der Teufel ihnen allerley Beschwerlichkeiten durch listige Eingebungen, die Welt mit ärgerlichen Exempeln, das Fleisch mit seiner angebohrnen Trägheit zum Guten nicht wenig zu schaffen machen; so achten sie dieses doch nicht, sondern treiben den Teufel mit dem Geschoß des Gebets weg, die Welt jagen sie mit dem Schild eines unveränderlichen Sinnes von sich, und zwingen das Fleisch mit der Geissel der Zucht zum Gehorsam; sie verrichten dabey ihre Sache fröhlich, und der inwohnende Geist Christi giebt ihnen Kräfte, damit es ihnen weder am Wollen noch wirklichen Vollbringen (nach dem Maaß jetziger Vollkommenheit) mangele. Also habe ich hier in der That gesehen, daß Gott von ganzem Herzen dienen, keine beschwerliche Arbeit, sondern eine angenehme Ergetzung sey; und habe
wahr-

Das 9 Capitel.

wahrgenommen, daß, welche sich so sehr mit ihrer menschlichen Schwachheit entschuldigen, die Kraft und den Nutzen der neuen Geburt nicht verstehen, ja dieselbe auch wohl noch nicht erreichet haben, und mögen sich solche wohl vorsehen. Allhier aber habe ich nicht gemerket, daß jemand mit der Schwachheit des Fleisches seine anklebende Sünden vertheidiget, oder auch aus Schwachheit begangene Fehler entschuldiget hätte; sondern ich habe vielmehr gesehen, daß, wenn jemand sein ganzes Herz dem, der ihn erschaffen, erkauft und sich zum Tempel geheiliget, übergeben, daß hernach nach dem Herzen auch die übrigen Glieder willig und bereit waren, wohin sie Gott haben wollte, sich lenken zu lassen.

O mein Christ, du magst auch seyn wer du willst, suche doch los zu werden aus den Banden des Fleisches! Siehe zu, prüfe und erkenne, daß die Hindernisse, die du dir in deinem Sinne einbildest, viel kleiner sind, als daß sie deinem Willen, wenn er rechtschaffen ist, hinderlich seyn könnten.

Ich sahe aber, daß nicht nur zu thun, was Gott will, sondern auch zu leiden, was Gott aufleget, einem Christen nicht schwer sey. Denn wenn manche hier Backenstreiche, Verspeyung und Schläge von der Welt litten, so weinten sie für Freuden, hoben ihre Hände gegen den Himmel auf, und preiseten

ten Gott, daß er sie würdig geachtet, auch etwas um seines Namens willen zu leiden, und daß sie nicht nur an den Gecreutzigten gläubeten, sondern auch ihm zu Ehren selbst gecreutziget würden. Andere, welchen dieses nicht begegnete, mißgönneten es jenen mit einer heiligen Mißgunst, weil, wie sie besorgeten, solches ein Zeichen des Zornes Gottes, wenn sie ohne Züchtigung wären, und daß sie von Christo entfernet, weil sie kein Creutz nicht hätten. Daher sie alle die Ruthe und den Stab Gottes küsseten, wenn sie damit heimgesuchet wurden, und war ihnen lieb, es mochte auch seyn, was für ein Creutz es wollte.

Dieses aber alles kommt daher, weil sie sich Gott mit ihrem ganzen Willen übergeben, so, daß sie nichts anders thun, und auch nichts anders zu seyn verlangen, als wie es Gott haben will. Und derowegen sind sie gewiß, daß alles, was ihnen begegnet, von Gott und aus desselben allerweisesten Vorsorge herkomme. Und solchen kann nun nichts mehr von ohngefehr wiederfahren; dieweil sie auch Wunden, Kerker, Pein und Tod unter die Wohlthaten Gottes rechnen. wenn es ihnen gut oder bös gehet, ist es ihnen einerley; nur daß sie jenes verdächtiger, dieses aber sicherer zu seyn urtheilen. Derohalben ergetzen sie sich in Unbequemlichkeiten, Wunden und Schmerzen, und rühmen sich
der=

derselben. Summa, sie sind in Gott dergestalt eingedrungen, daß, wenn sie nichts zu leiden haben, sie meynen, daß sie müßig giengen, und die Zeit unnütz zubrächten. Aber es hüte sich ein jeder, seine Hand an sie zu legen: Denn je begieriger sie den Rücken darbieten, desto schwerer und gefährlicher ist es, sie auszulachen: Sintemal sie nicht mehr ihr eigen, sondern Gottes sind; dahero, was ihnen begegnet, Gott sich alles zurechnet.

Das 10 Capitel.
Die Gläubigen haben in allem Genüge.

Die Welt ist voll von geschäftigen Marthen, welche laufen und rennen, sich bemühen, und alles von allen Orten zusammen raffen, dabey aber doch niemals genug haben. Diese aber haben eine andere Art und Beschaffenheit: Ein jeder hat genung, wenn er stille bey den Füssen seines Herrn sitzen kann, und ist mit allem zufrieden, was ihm dabey begegnet. Denn sie halten für den besten Reichthum die inwohnende Gnade Gottes, worüber sie sich einzig und allein freuen: Die äusserlichen Dinge, welche die Welt Güter nennet, achten sie mehr für eine Bestrickung als Gewinn; welche sie aber doch zur Nothdurft des Lebens, und zwar nur zur Nothdurft gebrauchen. Derohalben mag Gott einem davon viel oder wenig bescheren,

scheren, so spricht ein jeglicher, er habe genug. Denn sie glauben gewiß, und verlassen sich gänzlich darauf, daß sie unter Gottes Vorsorge sind, und deswegen halten sie für unbillig, über das, was Gott bescheret, etwas mehr zu verlangen.

Hierbey sahe ich eine bewundernswürdige Sache. Einige hatten Güter, Silber, Gold, Kronen, Scepter genug, (denn auch solche Dinge theilt Gott unter die Seinen aus;) andere aber fast nichts, ausser einen halbnackenden, mit Hunger und Durst ausgedorreten Leib: Doch sage jene, sie hätten nichts; diese sie hätten alles, und beyde waren einerley guten Muthes. Allhier habe ich wahrgenommen, daß derjenige wahrhaftig reich sey, und an nichts Mangel habe, welcher an dem, was er hat, sich begnügen lassen kann; denn es gleich viel und einerley ist, viel, wenig oder kein Geld zu haben; ein grosses, kleines oder gar kein Häuslein zu besitzen; ein kostbares, schlechtes oder gar kein Kleid anzuziehen; viele, einen oder keinen Freund zu behalten; einen hohen, niedrigen, oder keinen Ort, Amt, Ehre und Ansehen ꝛc. zu bekommen; in Summa: Etwas oder nichts zu seyn, ist ihnen alles einerley, und sind immer zufrieden; wie Gott will und sie führet, sie stellet oder setzet, so gehen, stehen, sitzen sie, und glauben, daß es alles gut sey, und besser, als sie es verstehen.

O glück-

O glückselige und begehrenswürdige Fülle! Wie glückselig sind doch diejenigen, die also reich sind! Denn ob schon etliche in den Augen der Welt elend und miserabel wären, so sind sie doch in der Wahrheit besser versorget, als irgend einige Reichen der Welt, auch was die zeitliche Dinge betrift. Denn diese wollen selbst ihre eigene Versorger seyn, und sind auch mit ihren Gütern tausenderley Zufällen unterworfen; Feuer, Wasser, Rost, Diebe, u. d. gl. bringen sie leicht darum: Jene aber haben Gott zum Vorsorger, und haben jederzeit bey ihm in aller Noth einen lebendigen Vorrath, welcher sie täglich aus seinem Speicher sättiget, aus seiner Kammer bekleidet, aus seinem Schatzkasten ihnen ihren Unterhalt darreichet. Und ob es schon nicht allezeit so überflüssig, so geschiehet es doch allezeit zu hinlänglicher Nothdurft: Ists nicht allezeit nach ihren Gedanken, so geschicht es doch nach seiner allweisen Vorsorge, an welcher sie tausendmal lieber hangen, als auf ihrem Verstande beruhen.

Das 11 Capitel.
Von der Sicherheit Gottergebener Herzen.

Ob wohl in der Welt nichts so entblößt, und mancher Gefahr unterworfen zu seyn scheinet, als das Häuflein derer Frommen; obgleich der Teufel und die Welt auf dasselbe garstig sehen, stossen, schlagen: So sahe ich sie doch
sehr

sehr wohl verwahret. Denn auch selbst ihre Gemeinschaft war öffentlich umgeben mit einer feurigen Mauer, welche, als ich näher trat, sahe, daß sie sich bewegete: Denn sie war nichts anders, als eine Wagenburg von viel tausend Engeln um sie her. Und darinn konnte ihnen unmöglich ein Feind beykommen. Ausser diesem hatte noch ein jeder einen besondern von Gott ihm zugegebenen, und bestimmten Schutzengel, daß er auf ihn Acht habe, und ihn für aller Gefahr und Schaden, Gruben und Fallstricken bewahrete. Denn sie sind (wie ich wahrgenommen) Liebhaber der Menschen, als ihrer Mitknechte, weil sie selbige ihre Pflicht und Schuldigkeit, wozu sie von Gott erschaffen sind, abwarten sehen; und solchen dienen sie gerne, und beschützen sie wieder den Teufel, böse Menschen und unglückselige Zufälle; ja sie tragen sie auf den Händen, wo es noth ist, daß sie sie für Anstoß behüten. Allhier habe ich gesehen, wie an der Gottseligkeit, so viel gelegen sey, weil diese schöne und reine Geister nur da, wo sie den Geruch der Tugend spüren, sich aufhalten; hingegen aber mit dem Gestank der Sünden und Unreinigkeiten vertrieben werden.

Ich sahe auch, (welches ich nicht verschweigen kann, noch einen andern Nutzen dieser heiligen und unsichtbaren Gesellschaft, daß sie nemlich nicht nur als unsere Wächter, sondern auch als unsere Lehrmeister uns gegeben sind; indem
sie

Das 11 Capitel.

sie den Auserwehlten von manchen Dingen oftmals heimlichen Unterricht ertheilen, ja sie auch von den tiefsten göttlichen Geheimnissen belehren. Denn weil sie auf das Angesicht des allwissenden Gottes unverwandt sehen, so kann ihnen nichts von allen Dingen, die ein frommer Mensch zu wissen verlangen kann, verborgen seyn. Was sie nun also selbst erkennen, und den Gläubigen nöthig und nützlich seyn könnte, das offenbaren sie ihnen, wenn es ihnen Gott erlaubet. Daher kommts, daß oft das Herz derer Frommen, auch was an andern Orten geschiehet, fühlet, und in betrübten Sachen sich traurig, in erfreulichen aber sich freudig befindet. Daher kommts auch, daß durch Träume und Gesichte, oder auch verborgene Eingebungen dieses oder jenes, was entweder schon geschehen, oder jetzt geschiehet, oder noch geschehen wird, sich in ihrem Gemüth vorstellen. Daher man auch oft nicht weiß, woher sich so vielerley Gaben Gottes in uns vermehren, und durch scharfsinniges Nachsinnen vielerley wunderbare und nützliche Erfindungen hervorkommen, welche öfters des Menschen Begrif und Verstand übersteigen. O glückselige Schule der Kinder Gottes! Und das ist es, was öfters alle weltliche Weisheit zum Erstaunen bringet, wenn sie sehen, daß oft ein geringer Mensch wunderbare Geheimnisse redet, künftige Veränderungen der Welt und der Kirchen, als wenn er sie schon vor Augen

D 2 hätte,

hätte, vorher verkündiget, Könige und Häupter der Welt, die noch nicht auf die Welt geboren, mit Namen anzeiget, auch andere Dinge, die man mit keiner Sternseherkunst, noch auf andere Art mit Menschenverstande zu erforschen vermögend war, zuvor saget.

Welches alles so beschaffen ist, daß wirs Gott, unserm Schöpfer und Erhalter, nicht gnugsam verdanken, und diese himmlische Lehrmeister nicht gnugsam lieben können. Aber wir wollen uns wieder zu der Sicherheit der Gläubigen wenden.

Ich sahe ferner, daß ein jeglicher unter ihnen nicht nur mit englischem Schutz, sondern auch mit der glorwürdigsten Gegenwart Gottes umgeben war, also, daß daher ein Schrecken von ihnen auf diejenigen gieng, welche sie wider den Willen Gottes antasten wollten.

An etlichen wurde ich offenbare Wunder Gottes gewahr; wenn sie ins Wasser, Feuer, imgleichen den Löwen und andern grausamen Thieren zur Speise vorgeworfen, und nichts destoweniger nicht beschädiget wurden. Auf etliche stürmete menschliche Wuth entsetzlich los; die Schaaren der Tyrannen und Henkersknechte umgaben sie mit einer Menge anderer Helfershelfer; also, daß öfters mächtige Könige und ganze Königreiche sich vergeblich bemüheten sie zu vertilgen, und doch nichts ausrichten konnten:

Das 11 Capitel.

ten: Denn sie giengen und stunden getrost, und warteten ihren Beruf mit Freuden ab. Allhier habe ich erkannt, was das sey, Gott zu seinem Schild zu haben, welcher wenn er seinen Dienern etwas gewisses zu verrichten befiehlet, und sie dasselbe getrost ausrichten, in ihnen und um sie herum ist, und sie als seinen Augapfel bewahret, damit sie nicht eher, bis nach verrichteter Sache, warum sie auf die Welt gesandt worden, weggeräumet werden könnten.

Solches erkennen sie denn auch, und auf diesen Schutz des Höchsten verlassen sie sich getrost. Daher ich allhier etliche sich rühmen hörete, daß sie sich nicht fürchteten, wenn auch der Schatten des Todes vor ihren Augen stünde; wenn tausendmal tausend sich um sie herum lagerten; wenn sich die ganze Welt empörete; wenn sich die Erde mitten ins Meer stürzete; ja wenn diese Welt voll Teufel wäre ꝛc. O überaus glückselige und in der Welt unerhörte Sicherheit, wenn der Mensch in der Hand Gottes also eingeschlossen und aufgehoben, daß er allen andern Dingen aus ihrer Gewalt mächtig entrissen ist! Ach! laßt uns doch, die wir wahre Diener Christi sind, dieses recht beherzigen, daß wir einen so wachsamen Beschirmer haben, Gott den Allmächtigen selbst. O selig und überselig sind wir!

Das 12 Capitel.

Daß die Frommen allenthalben Frieden haben.

Wie ich vorhin in der Welt viele Unruhe und vergebliche Bemühung, Grämen und Sorgen, Angst und Furcht allenthalben und in allen Ständen wahrgenommen; also habe hier bey den Gottergebenen desto mehr Ruhe und Zufriedenheit des Gemüths gefunden. Denn sie erschrecken nicht für Gott, indem sie sein Liebesvolles Herz durchaus kennen, und finden in sich selbst nichts, was sie betrüben könnte, weil sie, (wie schon gezeiget) an keinem Guten Mangel haben; ja sie empfinden auch aus denen um sie stehenden Sachen keine Beschwerlichkeit, indem sie dieselben nicht achten.

Zwar läßt ihnen die böse Welt keinen Frieden, sondern thut, was sie nur kann, zu ihrem Spott und Verdruß; raufet, zerret, schläget und verspeyet sie, suchet sie zu Fall zu bringen, und was sie nur noch immer ärgers erdenken kann, thut sie ihnen an; wie ich davon viele Exempel gesehen: Aber ich habe auch erkannt, daß dieses nach der Regierung des allerhöchsten Herrschers geschehe, wenn diejenigen, welche hier gottselig leben wollen, die Narrenkappe und Schellen tragen müssen; und zwar, weil es in der Welt so Brauch ist, und wenn das, was bey Gott verständig ist, der Welt eitel Narrheit scheinet. Derohalben habe ich wahrgenom-

Das 12. Capitel.

nommen, daß viele, die Gott mit überaus herrlichen Gaben ausgerüstet, nichts als ein Spott und Gelächter seyn müßten, auch so gar öfters bey den Jhrigen.

Dieses, sage ich, geschiehet so in der Welt; aber ich sahe, daß die Gläubigen doch dieses nicht achten, sondern ergetzen sich daran, wenn die Welt für ihnen als einem häßlichen Gestank die Nase zuhält, und gleichsam als für einem Gräuel von ihnen die Augen abwendet, sie als Narren verachtet, und als Missethäter verurtheilet und hinrichtet. Denn sie sagten, daß dieses ihr Wahrzeichen sey, woran sie erkenneten, daß sie Christo angehöreten, wenn sie der Welt nicht mehr anstünden. Daher, wer das Unrecht noch nicht fröhlich ertragen könne, der habe noch nicht völlig Christi Geist. Also redeten sie davon, und damit stärkete einer den andern. Sie sagten auch, daß die Welt denen, die ihr angehören, es gleichfalls nicht schenkete, sondern sie zwacke, betrüge, beraube, ängstige, 2c. und daher möchte sie immer auch mit ihnen also umgehen; könnten sie ihres Quälens nicht überhoben seyn, so wollten sie es dulden, und es für ein Glück achten, weil der von der Welt ihnen angethane Schimpf und Schaden durch Gottes milde Güte reichlich vergolten werden könnte, und ihr Gelächter, Mißgunst und Unrecht würde sich in lauter Gewinn verwandeln.

Ja ich habe auch dieses hier angemercket, daß, wenn die Welt etwas Glück oder Unglück, Reichthum oder Armuth, Ehre oder Verachtung nennet, so können wahre Christen auch nicht einmal von dem Unterscheid dieser Namen hören, sondern sagen, es sey alles gut, glückselig und ersprießlich, was nur immer von der Hand Gottes kommt. Derowegen betrüben sie sich über nichts, und halten sich bey nichts auf, du magst ihnen zu herrschen oder zu dienen, zu gebieten oder zu gehorchen, andere zu lehren oder von andern zu lernen, befehlen; sie mögen Ueberfluß oder Mangel leiden, so ist ihnen alles einerley, und gehen dabey mit gleichem und unverändertem Gesichte einher, und bekümmern sich allein darum, daß sie Gott gefallen mögen. Sie sagen, daß die Welt so groß nicht sey, daß sie nicht könnte ertragen, noch so vornehm, daß sie nicht könnte vergessen werden. Darum lassen sie sich nicht beunruhigen, weder durch Verlangen nach einer zeitlichen Sache, noch durch Beraubung derselben. Giebet man ihnen einen Backenstreich auf den rechten Backen, so bieten sie auch den andern fröhlich dar; will jemand mit ihnen um den Mantel rechten, so überlassen sie ihm auch den Rock, und übergeben alles Gott, als ihrem Zeugen und Richter; sind auch dabey gewiß, daß diese Dinge dermaleins aufs neue angesehen, und zu rechter Beurtheilung kommen werden. Es

Das 12 Capitel.

Es lässet sich auch ein Gottergebener Mensch den Haufen der Weltkinder in der Ruhe des Gemüths nicht stören. Denn ob ihm gleich viele Sachen nicht gefallen, so kränket er sich doch dieserwegen nicht bey sich selber: Er läßt zurücke gehen, was nicht will gerade vor sich gehen; er lässet hinfallen, was nicht stehen will; vergehen was nicht dauren will, oder auch nicht kann. Warum sollte sich ein Christ damit quälen, welcher ein beruhigtes Gewissen und im Herzen Gottes Gnade besitzet? Wollen sich die Leute nicht in unsere Gebräuche schicken, so wollen wir uns in ihre schicken, so lange es uns nur unser Gewissen zuläßt. Die Welt wird immer ärger, das ist wahr; aber werden wir sie mit unserm Grämen bessern?

Zanken und zerren sich die Mächtigen der Welt, um Kronen und Scepter, so, daß daraus oft Blutvergiessen und Verheerung der Länder und Völker entstehet; so betrübet sich ein erleuchteter Christ auch deswegen nicht, sondern denkt, daß wenig oder nichts daran gelegen, wer die Welt beherrsche. Denn gleich wie die Welt, wenn auch der Teufel selbst das Stepter darüber führen sollte, die Kirche Christi doch nicht vertilgen wird; also hingegen, wenn auch gleich ein Engel mit der Krone darüber gesetzt würde, würde sie doch nicht aufhören Welt zu seyn. Denn welche wahrhaftig fromm seyn wollen, werden immer etwas zu leiden haben. Daher dünket sies einerley zu seyn, es mag wer da will auf dem Throne in der Welt sitzen; ausser daß sie wissen, wenn es die Frommen trift, (wie es durch vielfältige Erfahrung bestättiget worden,) daß sich alsdann viele Schmeichler und Heuchler unter den Haufen der Redlichen mischen; durch solche Vermischung aber auch der Besten ihre Andacht erkaltet. Da hingegen zur Zeit öffentlicher Verfolgung nur die Frommen allein, und zwar mit völligem Eifer, Gott dienen. Absonderlich, wenn man erwäget, daß viele um zeitlicher Ursachen willen, unter dem Vorwand, das gemeine Beste, die Religion, Ehre und Freyheit des Vaterlandes zu befördern, sich nur selber suchen; und, wenn man sie, wie sie sich in der Wahrheit befinden, betrachtet, es sich zeiget, was in ihrer Haut stecket, und daß sie nicht Christo, sondern nur sich selbst Königreich, Freyheit und Ansehen behaupten wollen. Ein Christlicher Mensch lässet demnach dieses alles gehen, wie es gehet, oder gehen kann, und hat genug daran, wenn er bey sich selbst daheim in seinem Herzen Gott und seine Gnade haben und behalten kann.

Ja auch die Anfechtungen, welche die Kirche Gottes überfallen, machen einer erleuchteten Seele keine Unruhe: Denn sie weiß gewiß, daß der Triumph doch zuletzt auf ihre Seite seyn wird,

Das 12 Capitel.

wird, welcher ohne Sieg nicht erfolgen kann, gleichwie auch kein Sieg ohne Streit, und kein Streit ohne Feinde und heftiges Ueberwerfen mit denselben entstehet. Derohalben sie denn alles, was ihnen oder andern begegnet, tapfer übernehmen, weil sie dessen gewiß sind, daß der Sieg doch allezeit auf Seiten Gottes bleibe, der gewißlich seine Sachen zu dem bestimmten Ziel bringen wird, wenn gleich Felsen, Berge, Einöden, Meer, ja auch selbst der Abgrund sich ihm in Weg legen wollten, und daß ihm zuletzt doch alles werde weichen müssen. Sie wissen auch, daß das Stürmen wider Gott nur zur Ausbreitung seiner Herrlichkeit müsse beförderlich seyn: Denn wenn eine zur Ehre Gottes angefangene Sache keinen Widerstand hätte, möchte man gedenken, daß es von Menschen angefangen, und mit Menschenkräften ausgeführet sey. Dannenhero, je toller die Welt sammt allen Teufeln sich widersetzen, desto herrlicher offenbaret sich Gottes Macht und wunderbare Hülfe.

Und wenn sich endlich auch solche Zufälle ereignen, (gleichwie ich davon manche Exempel gesehen,) welche ihnen im Herzen Kummer und Unruhe verursachen wollen; so kann solches doch nicht lange bey ihnen dauren, sondern zergehet so schnell, wie eine trübe Wolke beym Glanz der Sonnen. Wogegen sie aber zweyerley Mittel gebrauchen: 1) Wenn sie dabey an

die

die frohe Ewigkeit gedenken, welche hinter dieser zeitlichen Beschwerlichkeit stehet, und auf sie wartet. Denn was uns hier begegnet, ist zeitlich, und wie bald es entstehet, so bald vergehet und verschwindet es auch wieder. Und deswegen ist es weder der Mühe-werth, etwas von den zeitlichen Dingen zu begehren, noch um derselben willen sich zu betrüben, weil alles in einem Augenblick vorbey rauschet. 2) Wenn sie bey sich daheim in ihrem Herzen sich mit ihrem allerliebsten Gast besprechen, so können sie dadurch alle Bangigkeit und Bekümmerniß, wenn sie auch noch so groß wären, gar leicht vertreiben. Denn Gott ist und bleibet ihres Herzens Trost, und ihr ewiges Theil, zu welchem sie sich daher jederzeit mit ihrem Herzen wenden, und ihm alles, was sie bekümmert, offenherzig vortragen und entdecken. Und hierinn haben sie die größte Freyheit und Freymüthigkeit, daß sie mit jeder Sache gleich zu Gott dem Herren laufen, und alles, wo sie sich vergangen, wo sie gefehlet, wo sie etwas versehen und gestrauchelt haben, imgleichen was sie schmerzet, oder was sie verlangen, in seinen väterlichen Schoos auszuschütten, und allenthalben mit allem sich ihm vertrauen dürfen. Da nun Gott solche kindliche liebreiche Zuversicht nicht anders als angenehm seyn kann, so muß er ihnen auch seinen Trost mittheilen und

sie

sie unterstützen. Daher er ihnen zu Ertragung der Leiden alle nöthige Kräfte darreichet, also, daß, je mehr sich das Leiden bey ihnen häufet und vermehret; desto mehr auch der Friede Gottes, welcher alle Vernunft übertrift, in ihrem Herzen zunimmt.

Das 13 Capitel.

Die Gläubigen haben beständige Freude im Herzen.

Ferner befindet sich in ihnen bey dem sonderbaren Frieden ein immerwährendes Vergnügen und Frohlocken, welches wegen der Gegenwart Gottes, und Empfindung seiner Liebe ihre Herzen erfüllet: Denn wo Gott ist, da ist der Himmel; wo der Himmel, da ist ewige Freude; wo ewige Freude, da kann der Mensch weiter nichts mehr begehren. Es ist dagegen nur ein Schatten, Scherz, Spiel und Gelächter zu achten, alle Freude der Welt, gegen dieser Freude der Gläubigen in Gott; ich weiß auch nicht, mit was für Worten ich dieselbe vorstellen oder beschreiben soll. Denn ich sahe, ja sahe und erkannte, daß, wenn man Gott mit seinen himmlischen Gütern in sich hat, es so was herrliches sey, daß damit der ganzen Welt Herrlichkeit, Pracht und Glanz nicht in die geringste Vergleichung kann gezogen werden; so was erfreuliches,

daß

daß demselben die ganze Welt weder etwas benehmen noch zugeben kann; und so was grosses und hohes, daß es die ganze Welt nicht zu fassen noch zu begreifen vermag. Denn wie sollte es dem Menschen nicht angenehm und erfreulich seyn, wenn er ein solch göttlich Licht, ein solch' vortreflich Regiment des Geistes Gottes, eine solche Befreyung von der Welt und derselben Sclaverey, solchen gewissen und besondern Schutz Gottes, solche Sicherheit für allen Feinden und schädlichen Zufällen, ja endlich allenthalben einen solchen beständigen Frieden (wie erst gezeiget worden,) in sich hat, fühlet und empfindet. Das ist eine Süßigkeit, wovon die Welt nichts weiß noch verstehet; wer sie aber einmal schmecket, muß ihr immer mit Verleugnung alles andern nachgehen: Eine Süßigkeit, von welcher keine andere abführen, keine Bitterkeit davon vertreiben, keine Reitzungen davon ablocken, keine Grausamkeit, ja auch der Tod selbst davon nicht abwendig machen kann.

Hier habe ich verstehen gelernet, was die Heiligen Gottes oft so dringet und treibet, daß sie zeitliche Ehre, Menschengunst, Gut und Vermögen ꝛc. so willig verwerfen und fahren lassen, und immer bereit sind, diese Welt, wenn sie ihnen auch ganz zugehörete, wegzugeben.

ben. Viele gaben ihren Leib in Kerker, unter Geisseln, und in den Tod ganz fröhlich dahin; ja waren bereit, wohl tausend Tode, (wenn sie die Welt so oft an ihnen wiederhohlen könnte,) auszustehen, und konnten im Wasser, Feuer, und unter des Henkers Schwerdt noch fröhlich singen und Gott loben. O Herr Jesu, wie süß bist du doch denen, die dich schmecken! Selig, ja selig ist der, welcher diesen Trost und Süßigkeit erfähret!

Das 14 Capitel.

Der Wandersmann betrachtet die Christen nach ihren Ständen.

Und also habe ich bis dato allerley Zufälle wahrer Christen beschrieben. Ich habe aber unter ihnen ebenfalls, gleichwie in der Welt, unterschiedliche Stände und Lebensarten wahrgenommen, und gesehen, wie ein jeder seine Pflicht beobachtet. Und da fand ich wieder bey allem eine vortrefliche Ordnung, daß es recht lieblich anzusehen war. Aber dieses will ich anjetzo nicht weitläuftig beschreiben, sondern nur kürzlich davon etwas berühren.

Nemlich ich sahe, daß ihr Ehestand von dem freyledigen Stande nicht viel unterschieden war; darum, weil bey ihnen, wie in den Begierden, also auch in den häuslichen Sorgen gewisse Ordnung und gehörige Maß gehalten wird. An statt der
stäh-

stählernen Fessel sahe ich hier goldene Geschmeide; an statt der jämmerlichen Zerrung und Trennung von einander, eine sehr angenehme Vereinigung des Lebens und Herzens: Und wenn auch schon einige Uneinigkeit in diesem Stande sich äussern wollte, so wurde dieses durch Vermehrung des Reiches Gottes ersetzet.

Wenn es einem unter ihnen begegnete, daß er über andere gesetzet, und als Obrigkeit bestellet wurde, verhielt er sich gegen die ihm anvertraute Untergebene, wie Eltern in ihrer Liebe und Sorgfalt gegen ihre Kinder sich zu verhalten pflegen; welches anzusehen überaus erfreulich war. Und da wurde ich gewahr, wie viele für solche Obrigkeit Gott mit aufgehobenen Händen lobeten: Hingegen aber, wer einem solchen unter seine Gewalt anvertrauet war, der verhielt sich also, daß er nicht nur in Worten, sondern in der That unterthänig wäre; indem er dafür hielt, daß er damit Gott ehrete, wenn er gegen den, welchen er ihm vorgesetzet, er möchte sonst von besonderm oder schlechtem Ansehen seyn, alle Ehrerbietung und Hochachtung sowohl mit Worten als Werken und Gedanken bezeigete. Als ich unter ihnen weiter gieng, sahe ich nicht wenig gelehrte Leute, welche, wider die gemeine Gewohnheit der Welt, je gelehrter sie waren als andere, so viel mehr auch andere an Demuth übertraffen und gleich-

Das 14 Capitel.

gleichsam die Leutseligkeit und Freundlichkeit selber wären. Mit einem unter ihnen hatte ich das Glück zu sprechen, vor welchem, wie man dafür hielte, nichts von allen menschlichen Wissenschaften verborgen war, der sich aber als der Einfältigste bezeigete, und klagte immer über seine Ungeschicklichkeit und Unwissenheit. Die Wissenschaft der Sprachen ist bey ihnen in gar geringem Werth, wenn nicht die Erkänntniß der wahren Weisheit dazu kommt: Denn die Sprachen (wie sie sagen,) vermehrten die Weisheit nicht, sondern wären nur allein dazu, daß man mit mancherley Einwohnern des Erdkreises, sie seyn lebendig oder todt, sprechen könnte. Und deswegen wäre der nicht gelehrt, wer viele Sprachen, sondern wer nützliche Sachen reden könnte. Nützliche Sachen aber nennen sie alle Werke Gottes, zu derer Erkenntniß die Künste und Wissenschaften etwas behülflich seyn könnten: Der eigentliche Brunnen solcher Erkenntniß aber sey die Heilige Schrift, und der allerbeste Lehrer der Heilige Geist, das Ziel aber alles dessen Christus der Gecreutzigte. Derohalben habe ich alle diese gesehen, daß sie mit aller ihrer Wissenschaft auf Christum, als den Mittelpunct zieleten: Wenn sie aber etwas sahen, das zu Christo zu gelangen hinderlich wäre, verwarfen sie es, wenn es auch sonst das scharfsinnigste gewesen wäre. Ich bemerkete auch, daß sie allerhand von Menschen verfertigte Bücher lesen, wenn sie dazu Ursach und Gelegenheit finden: Dabey aber sehen sie immer nach den auserlesensten, und halten menschliche Schriften und Vorstellungen nur für was menschliches. Sie schreiben auch selber Bücher; aber nicht ihren Namen dadurch bekannt zu machen, sondern wenn sie hoffen, daß sie dem Nächsten etwas nützliches mittheilen, das gemeine Beste dadurch befördern, oder dem Bösen Einhalt und Widerstand thun könnten.

Derer Priester und Prediger sahe ich hier eine gewisse Anzahl, nach Nothdurst der Kirchen, und zwar alle in geringer Kleidung, von sanftmüthigen und angenehmen Geberden, so wohl unter einander selbst, als auch insgemein gegen andere; die mehr Zeit mit Gott als mit Menschen zubrachten, nemlich beym Gebet, Lesen und Nachsinnen; die übrige Zeit wendeten sie auf Bekehrung anderer, entweder öffentlich in der Versammlung, oder mit einigen absonderlich. Die Zuhörer gaben ihnen auch das Zeugniß, und ich habe es selber erfahren, daß ihre Predigten niemals ohne innerliche Bewegung des Herzens und Gewissens gehöret worden; darum, weil aus ihrem Munde eine durchdringende Kraft göttlicher Beredsamkeit fliesset: Ja ich habe Frohlocken und auch Thränen bey denen Zuhörern wahrgenommen, wenn entweder von der Gnade Gottes, oder von der menschlichen

Un-

Das 14 Capitel.

dankbarkeit gegen dieselbe geredet wurde; denn es wird alles von ihnen mit wahrem Ernst lebendig und eifrig verrichtet. Sie würden sichs auch für eine grosse Schande achten, andere etwas zu lehren, was sie nicht zuerst an sich selbst mit ihrem Exempel zeigeten, ja auch, wenn sie still schweigen, kann man etwas von ihnen lernen. Ich trat aber absonderlich zu einem von ihnen, und wollte mit ihm reden, welcher ein ehrbarer Greis war, aus dessen Gesichte gleichsam etwas Göttliches hervor leuchtete. Als er nun mit mir sprach, war seine Rede von einer sehr angenehmen Ernsthaftigkeit, und ganz deutlich abzunehmen, daß er ein Abgesandter Gottes sey, roch auch im geringsten nicht nach der Welt.

Als ich ihn nach unserm Gebrauch tituliren wollte, ließt er es nicht zu, und sagte, daß dieses nur Weltpossen wären; ihm sey es Tituls und Ehre genug, wenn ich ihn nur einen Diener Gottes, und, wo es mir gefällig wäre, Vater nennen wollte. Als er darauf einen Segen über mich aussprach, habe ich darüber ich weiß nicht was für einen angenehmen Geschmack, und eine im Herzen entstehende Freude empfunden; vernahm auch in der Wahrheit, daß die wahre Gottesgelahrtheit etwas mächtigeres und durchdringenderes sey, als man es insgemein erfähret. Wobey ich ungemein schamroth wurde, indem mich an etlicher

E 2 unserer

unserer Priester Aufgeblasenheit, Hoffart, Geitz, Zwietracht, Neid, Mißgunst, Schwelgerey, und in Summa, an ihr eiteles und fleischliches Wesen gedachte; derer Worte und Werke so weit von einander, daß sie scheinen nur aus Scherz und zum Zeitvertreib von den Tugenden und christlichem Leben zu reden. Hier aber gefielen mir (wenn ich die Wahrheit bekennen soll,) diese Männer, weil sie brünstigen Geistes, gezähmten Leibes, Liebhaber himmlischer Dinge, Verächter alles Irdischen, wachsam über ihre Heerde, ihrer selbst vergessend, nüchtern von Wein, hingegen voll vom Geiste Gottes, mäßig im Reden, reich aber und überfließend an guten Werken waren. Unter ihnen wollte ein jeder der erste an der Arbeit, und der letzte im Rühmen seyn. Summa: Sie trachteten mit Werken, Worten und Gedanken alle und jede, bey denen sie waren, zu erbauen.

Das 15 Capitel.
Vom Tode gläubiger Christen.

Als ich nun genug unter diesen Christen herum gewandert, und auf ihr Thun gesehen, wurde ich zuletzt gewahr, daß auch unter ihnen der Tod herum gienge; aber nicht wie in der Welt, in einer häßlichen Gestalt, nackend und unangenehm, sondern schön mit denen Grabtüchern Christi, die er
im

Das 15 Capitel.

im Grabe hinterlassen, angethan. Und da er bald zu diesem bald zu jenem herzu trat, und ihm sagte, daß es mit ihm nun Zeit wäre aus der Welt zu gehen, ey so entstund ungemeine Freude und Frohlocken bey dem, der diese angenehme Post vernahm; und damit es nur desto eher geschehen möchte, erduldeten sie gern allerley Schmerzen, ja Schwert, Feuer, glüende Zangen, und alles andere, was nur kann erdacht werden; und entschlief also ein jeder friedlich, still und lieblich.

Als ich nun sahe, was mit ihnen weiter vorgehen würde, wurde ich gewahr, daß die Engel auf den Befehl Gottes einem jeden einen Ort aussuchten, wo der Leib sein Ruhekämmerlein haben sollte; und wenn er dahin von Freunden oder Feinden, oder von den Engeln selbst befördert und geleget würde, sie das Grab bewahreten, damit die Cörper derer Heiligen im Frieden für dem Satan bleiben, und auch nicht das geringste Stäublein von ihnen sich verlieren möchte. Andere Engel nahmen unterdessen ihre Seelen, und trugen sie mit wunderbarem Glanz und Frohlocken an ihren Ort. Als ich nun mein Perspectiv hervor längete, und mit dem Glaubensauge durchschauete, sahe ich eine unaussprechliche Herrlichkeit.

[:✠:✠:]

Das 16 Capitel.

Der Wandersmann erblicket die Herrlichkeit Gottes.

Denn siehe, in der Höhe saß auf seinem Thron der Herr der Heerschaaren: Um ihn herum war ein Glanz von einem Ende des Himmels bis zu dem andern; und unter seinen Füssen war es wie ein Crystall, Smaragd und Saphir; sein Thron aber war wie ein Jaspis, und um ihn herum ein schöner Regenbogen. Tausendmal tausend, und zehnmal hundert tausendmal tausend Engel stunden vor ihm, die immer einer gegen den andern sungen: Heilig, heilig, heilig ist Gott der Heerschaaren: Himmel und Erde sind voll seiner Herrlichkeit.

Imgleichen waren da vier und zwanzig Aeltesten, welche vor dem Throne niederfielen, und ihre Kronen zu den Füssen warfen des, der da lebet in alle Ewigkeiten der Ewigkeiten, und sungen überlaut: Herr, du bist würdig zu nehmen Preis, Ehre und Macht: Denn du hast alle Dinge erschaffen, und um deines Namens willen dauren sie, und sind geschaffen.

Ich sahe auch vor dem Throne eine andere grosse Schaar, welche niemand zehlen konnte, aus allen Völkern und Geschlechtern, Leuten und Sprachen, welcher Anzahl sich immer durch die englische Uebertragung derer auf der Welt verstorbenen Heiligen Gottes vermehrete, und daher

daher auch die Stimme immer ſtaͤrker wurde, die rieffen: Amen! Benedeyung und Herrlichkeit und Weisheit, und Dank und Ehre, und Macht und Staͤrke ſey unſerm Gott von Ewigkeit zu Ewigkeit, Amen! In Summa: Glantz, Herrlichkeit, Majeſtaͤt und unausſprechliche Glorie habe ich hier geſehen, einen unausſprechlichen Schall und Ton hier gehoͤret, und war alles lieblicher und wunderbarer, als die Augen, Ohren und unſere Hertzen begreiffen koͤnnen. Als ich aber uͤber ſolche himmliſche Dinge erſtaunete, fiel ich auch ſelbſt vor den Thron der Herrlichkeit, indem ich mich ſchaͤmete wegen meiner ſuͤndlichen Schnoͤdigkeit; und weil ich ein Menſch von befleckten Lippen, ſo rief ich daher aus: Der Herr, Herr, Herr iſt ein ſtarker Gott, erbarmend und barmhertzig, langmuͤthig und gedultig, reich von Barmhertzigkeit und Wahrheit, der Barmhertzigkeit beweiſet an tauſenden, und vergiebt Miſſethat, Uebertretung und Suͤnde. Herr Gott, erbarme dich um Jeſu Chriſti willen auch uͤber mich armen Suͤnder!

Das 17 Capitel.
Der Wandersmann wird zum Hausgenoſſen angenommen.

Als ich dieſes kaum ausgeredet, meldete ſich mit aus der Mitte des Thrones
der

der Herr Jesus, mein Seligmacher, und redete mich mit diesen liebreichen Worten an: Fürchte dich nicht, mein Lieber! ich bin mit dir, dein Erlöser, ich, dein Tröster; fürchte dich nicht! Siehe, deine Missethat ist von dir genommen, und deine Sünde vertilget, freue dich und frohlocke: Denn dein Name ist auch unter diesem Haufen angeschrieben; wenn du mir nur treulich dienen wirst, so sollst du auch als einer aus ihnen seyn. Was du nun hier gesehen, mache dir recht zu Nutze, und laß es dich erwecken, mich treulich zu fürchten; so wirst du zu seiner Zeit noch grössere Dinge, als diese, zu sehen bekommen. Bewahre dich nur darinne, wozu ich dich berufen habe; und wie ich dir den Weg zu dieser Herrlichkeit gezeiget, also gehe beständig einher. Bleib indessen in der Welt ein Frembling, Pilgrim und Gast, so lange es mir gefällt, dich darinne zu lassen: Bey mir aber allhier sey mein Hausgenosse und Einwohner; das himmlische Bürgerrecht wird dir hiermit mitgetheilet. Und darum siehe, daß du deinen Wandel und Aufenthalt allhier habest, und halte dein Gemüth jederzeit, so hoch du immer kannst, zu mir erhoben; zu deinem Nächsten aber lasse dich immer mehr herab, und bleib, so viel du kannst, erniedriget. Dabey gebrauche dich der irrdischen Dinge, so lange du dich in der Welt aufhältst, zu deiner Nothdurft; aber an dem Himmlischen habe allein dein Vergnügen. Sey mir geneigt und folgsam, der

Welt

Welt und deinem Fleische aber feind und widerspänstig. Bewahre innerlich die dir von mir verliehene Weisheit, und äusserlich die dir von mir anbefohlene Einfalt; habe ein allzeit rufendes Herz und schweigende Zunge; zum Gefühl der Noth des Nächsten sey zärtlich, zur Ertragung aber des dir angethanen Unrechts abgehärtet; mit der Seele diene mir allein, mit dem Leibe aber, wenn du nur kannst oder mußt. Was ich dir befehle, das thue; was ich dir auflege, das trage; gegen die Welt sey immer unbeweglich, gegen mich aber jederzeit willig und beugsam; in der Welt sey nur mit dem Leibe, bey mir aber mit dem Herzen. Wenn du dieses thun wirst, o wie selig wirst du seyn, und wie wohl wirst du dich dabey befinden! Jetzt gehe nur schon hin, mein Lieber, und bleib in deinem Berufe stehen bis zu deinem Abschiede, und gebrauche dich des Trostes, zu welchem ich dich gebracht habe, mit innigstem Vergnügen.

Das 18 Capitel.
Beschluß von allem diesen.

Indem verschwand das Gesichte vor meinen Augen, und ich beugete die Knie, wandte die Augen in die Höhe, und dankete, so gut ich konnte, meinem Erbarmer mit folgenden Worten: Gebenedeyet seyst du, Herr mein Gott, der du ewiger Verherrlichung und Erhöhung würdig bist! gebenedeyet sey der herrliche und preiswürdige Name deiner Majestät in alle Ewigkeit! Deine Engel und alle deine Heiligen sollen verkündigen deine Herrlichkeit: Denn du bist groß von Macht, und deine Weisheit ist unerforschlich, deine Barmherzigkeit aber gehet über alle deine Werke. Ich will dich preisen, o Herr, so lange ich lebe und deinem heiligen Namen singen so lange ich hier bin: Denn du hast mich erfreuet mit deiner Barmherzigkeit und meinen Mund mit Frohlocken erfüllet, indem du mich aus dem schnellen Strom heraus gerissen, aus tiefen Wasserwirbeln errettet, und meine Füsse auf sichern Ort gestellet. Ich bin von dir, o Gott, du ewige Süßigkeit, entfernet gewesen; aber du hast dich erbarmend zu mir genahet: Ich irrete; aber du hast mich zu rechte gewiesen; Ich taumelte, und wußte nicht, wo ich hingienge; aber du hast mich auf den rechten Weg gebracht; Ich war von dir abgewichen, und hatte dich und mich verloren; aber du hast dich zu mir gewandt, und mich wieder zu dir und zu mir gekehret: Ich kam bis zu den Bitterkeiten der Höllen; aber du zogest mich zurücke, und brachtest mich bis zu den Süßigkeiten des Himmels. Derohalben so lobe, o Seele, deinen Herrn, und was in mir ist, seinen heiligen Namen. Es ist mein Herz, o Gott, bereit, es ist mein Herz bereit, daß ich singe und frohlocke. Denn du bist höher, als alle Höhen, und tiefer, als alle Tiefen. Wunderbar, herrlich und voller Barmherzigkeit bist du. Wehe den

Das 18 Capitel.

den unbesonnenen Seelen, welche von dir weichen, und meinen, daß sie auf solche Art Frieden finden können! welchen doch ausser dir weder Himmel, noch Erden, noch der Abgrund hat; weil in dir allein die ewige Ruhe ist. Himmel und Erde sind von dir, und sind gut, schön und lieblich, weil sie von dir sind; aber doch sind sie weder so gut, noch so schön, noch so lieblich, als du, ihr Werkmeister: Und derohalben können sie die Seelen, welche Trost bedürfen, nicht befriedigen noch sättigen. Du, o Herr, bist die Fülle aller Fülle; und unser Herz ist nicht zufrieden, so lange bis es sich in dir nicht beruhiget. Ach ich habe dich zu spät lieb gewonnen, o du ewige Schönheit! weil ich dich zu spät erkannt habe. Da aber habe ich dich erst erkannt, als du mich angeschienen, o du himmlisches Licht. Dein Lob verschweiget, wer deine Erbarmungen noch nicht erkannt; du aber, mein Herz, thue dich dem Herrn kund! O daß mein Herz mit dir, du ewiger Geruch, doch ganz möchte eingenommen seyn! damit ich alles vergesse, was du nicht bist, mein Gott. Verbirge dich doch nicht mehr meinem Herzen, du allerschönste Schönheit. Sollten dich aber irdische Dinge mir verbergen, so will ich lieber sterben, damit ich dich nur erblicke, und ewig mit und bey dir sey, da wo ich dich nicht mehr werde verlieren können. Erhalte mich, Herr, führe mich, trage mich, damit ich von dir nicht mehr irre gehe noch strauchele. Gib, daß ich

dich

dich liebe mit ewiger Liebe, und neben dir kein Ding mehr liebe, es sey denn, daß ich es um deinet willen und in dir liebe, o du unendliche Liebe! Aber was soll ich mehr sprechen, mein Herr? Hier bin ich. Dein bin ich, dein eigen, dein in alle Ewigkeit. Ich entsage gern dem Himmel und der Erde, nur daß ich dich behalte. Versage dich mir nur nicht. Ich habe genug in alle Ewigkeit, ich habe unveränderlich genug an dir allein. Seel und Leib erfreuet sich und frohlocket in dir dem lebendigen Gott. Ach! wenn werde ich aber von hinnen gehen, daß ich mich vor deinem Angesichte darstelle? So dir es gefällt, Herr mein Gott, so nimm mich hin. Hier bin ich, und stehe bereit. Rufe, wenn du willst, wohin du willst, wie du willst. Ich will gehen, wohin du befiehlest, und will verrichten, was du heissen wirst. Dein guter Geist regiere mich nur, und führe mich zwischen den Fallstricken der Welt, als auf ebener Bahn. Deine Barmherzigkeit begleite mich auf meinen Wegen, und führe mich durch diese, ach! so ängstliche Finsternissen der Welt bis zu dem ewigen Lichte! Amen, ja Amen!

Das

Das Anhangen an Gott

ein

Unterricht

des

Albertus Magnus.

gewesenen Bischofs

zu

Regensburg.

Vorbericht.

Albertus, dieser Schrift Verfasser, ist am Ende des eilften Jahrhunderts bekannt worden, indem er, als ein sehr einfältiger Dominicanermönch, gar bald zu ganz besonderer Gelehrsamkeit in natürlichen und göttlichen Wissenschaften gelanget; worüber die kluge Welt in Verwunderung gekommen; auch der Pabst selbst, und hat ihn zum Bischof zu Regensburg gesetzt. Es gieng aber ein anderes Licht in ihm auf, daß er sein Bißthum und grosse Weltgelehrtheit verlassen, sich nach Cölln in die Einsamkeit begeben, und daselbst sein Leben zugebracht hat. Da er aber gesehen, daß die Closterleute nur in den äussern Kirchengeschäften und Ordensregeln den Gottesdienst gesetzt; so hat er ihnen eine kurze Unterweisung und Vermahnung vom beständigen Anhangen an Gott, als eine bessere Weise, Gott zu dienen, geschrieben. Da nun diese Blätter gewiß aus der Salbung geflossen, aber in das alte Mönchs-Latein und Deutsch eingehüllet worden; so hat man für nützlich gehalten, sie, als ein aller Annehmung werthes Zeugniß des Alterthums, in das heutige Deutsch zu überbringen. Es ist dasselbe nicht allein mit Gnade und Kraft dergestalt versiegelt, daß viele Schüler, und sonderlich der berühmte Lehrer, Th. Aquinas, aus solcher Schule gestiegen, indem es bey seinen

Glau-

Vorbericht.

Glaubensverwandten gar oft nachgedruckt worden; sondern das Geheimniß des Creutzes, mit vieler Schmach, ist auf diesen Verfasser in und nach seinem Leben häufig gekommen, zum Zeugniß, daß er dem Reich der Finsterniß grossen Schaden zugefüget hat. Dann er ist sonderlich bey den Gelehrten, zum Spott worden, da er von Mönchseinfalt sich so bald und hoch in alle Weisheit erhoben, und wieder, da er Gottes Licht erblicket, alles für Schaden und Dreck geachtet. Sie sagten: Zauberey habe er getrieben; er wäre ein Wunder worden; aus einem Esel der höchste Philosoph, und aus dem spitzigsten Philosoph wieder ein Esel. Die Säuglinge der Gnaden aber sehen und schmecken an den wenigen Blättern dieses Baums, daß derselbe an das Wasser, das aus dem Paradies geflossen, gepflanzt worden: dann sie sind noch nicht welk, und dienen, nach so viel hundert Jahren, zur Gesundheit. Er lebe dann, und sein Gedächtniß bleibe im Segen. Ja, er lebe wieder auf durch den Wind des Herrr, der alles neu zu schaffen, aufgestanden. So wünschet der Ausgeber, der die Asche der Gläubigen auf die Weise verehret und zum Gebrauch im Hause Gottes bringen will.

Inhalt

Inhalt der Capitel.

1. Cap. Wie man Gott von ganzer Seelen und Gemüth anhangen müsse, um zur Vollkommenheit zu gelangen.
2. Cap. Wie der Mensch alles verachten und Christo allein anhangen solle.
3. Cap. Wie des Menschen Gleichförmigkeit der Vollkommenheit in diesem Leben beschaffen.
4. Cap. Wie die Geistes-Wirkungen in dem Innersten des Gemüths und nicht in denen Sinnen seyn.
5. Cap. Von der Herzens-Reinigkeit, deren man vor allem nachjagen muß.
6. Cap. Wie ein geistlicher Mensch Gott mit blossem Verstande anhangen soll.
7. Cap. Wie man das Herz innerlich sammlen soll.
8. Cap. Wie sich ein geistlicher Mensch bey allen äussern Zufällen Gott ergeben und vertrauen soll.
9. Cap. Wie die auf Gott gerichtete Beschaulichkeit allen andern Uebungen vorzuziehen.
10. Cap. Die wirkliche und empfindliche Andacht ist nicht so sehr in Acht zu nehmen, als daß man nur mit dem Willen Gott anhange.
11. Cap. Wie man denen Versuchungen widerstehen und die Trübsalen ertragen soll.
12. Cap. Von der Liebe Gottes, wie kräftig sie sey.
13. Cap. Beschaffenheit und Nutz des Gebethes, wie man das Herz innerlich soll gesammlet halten.
14. Cap. Das Zeugniß des Gewissens ist in jedem Gericht zu suchen.
15. Cap. Wie die Verachtung seiner selbst so nützlich sey.
16. Cap. Wie sich die Vorsehung Gottes über alles erstrecke.

Das 1 Capitel.

Wie man Gott von ganzer Seelen und Gemüth anhangen müsse, um zur Vollkommenheit zu gelangen.

Ich habe mir vorgenommen eine kurze einfältige und deutliche Vorstellung zu machen von der völligen und möglichen Abziehung unsers Herzens von allen Creaturen, (Sachen,) um desto freyer und blosser an Gott zu kleben. Das Ziel der geistlichen Vollkommenheit ist die Liebe Gottes, und zu der liebreichen Anklebung an Gott ist der Mensch bey Verlust der Seeligkeit verbunden; sie wird aber erwiesen in Haltung der Gebote, und Gleichförmigkeit mit dem Willen Gottes, um alles auszuschliessen und abzusagen, was nur dem Wesen und der Natur der Liebe zuwider ist. Da nun die Sünde solche Scheidung zwischen Gott und Menschen machet: so sollen, wie alle Menschen, sonderlich die sich zum geistlichen Leben widmen wollen, an den Rath des Evangelii verbunden seyn, andern zum Beyspiel, desto ernstlicher und eiligter zu solchem Ziel zu gelangen, mit Ausschliessung und Absagung alles dessen, was solcher Liebe Uebung verhindern will. Werden wir uns durch solche wahre Verläugnung aller Creatur zu Gott allein aufschwingen: so können wir ihn alsdann recht im Geist und in der Wahrheit anbeten; wir können zu dem Herrn in das innerste Kämmerlein des Herzens gehen zu solcher Anbetung; aber es muß geschehen mit reinem Herzen und gutem Gewissen, nicht aber mit erdichtetem Glauben. Kurz, der Mensch muß allen andern Sachen ganz sich entziehen, entfremden, vergessen, hingegen seine brünstige Geistes-Begierde mit stillem

stillem Mund, aber starker Zuversicht, Gott entdecken, ja die ganze Liebes=Neigung mit allen Kräften auf das aufrichtigste und vollkommenste ausgiessen, versenken, erweitern, entzünden und zerschmelzen.

Das 2 Capitel.
Wie der Mensch alles verachten und Christo allein anhangen soll.

Wer einen solchen Stand anzufangen und einzutreten sich befleisset, dem ist höchst nöthig, daß er verschlossene Sinne zu allen Creaturen habe, um sich um nichts frembdes zu bekümmern und damit zu beschäftigen, sondern alles, als unnöthige, ihn nichts angehende, unnütze und schädliche Sachen von sich abzuweisen. Alsdann muß er sich ganz in das Innerste begeben, und mit dem Herzen an keine andere Dinge gedenken, verlangen, hangen, als an den alleinigen verwundeten Jesum Christum, um durch und in ihm, d. i. durch diesen Menschen in Gott, durch die Wunden der Menschheit in das Innerste seiner Gottheit, mit allem Fleiß, Ernst, Treu zu zielen und zu dringen. So muß er auch also alle seine übrige Anliegenheit ohne Rath= und Hülfholung bey seiner eigenen Fürsichtigkeit und Kräften dem Herrn ganz anbefehlen, nach dem göttlichen Rath: Werfet eure Sorge auf den, der alles vermag. Seyd nicht sorglich. Wirf deine Gedanken auf den Herrn, der wird dich ernähren. Es ist mir gut, daß ich dem Herrn anhange. Ich habe den Herrn allezeit vor meinem Angesichte. Und so spricht die Braut über solches Anhangen: Ich habe funden, den meine Seele lieb hat. Denn es sind mir mit ihm zugleich alle Güther heimgekommen. Dieses ist der verborgene himmlische Schatz, und das köstliche Perlein, welches mit demüthiger Zuversicht, mit beständigem Fleiß, mit ruhigem Stillschweigen, auch mit Entäusserung alles äussern Nutzens, Lobes und anderer Vortheil in der Stärke des Geistes gesuchet werden muß. Was nutzet sonst einem Menschen, sonderlich einem Geistlichen, wenn er die ganze Welt gewinnet, und an seiner Seelen Schaden leidet? Sein Stand und Wandel von aussen, sein Wissen und Gebehrden im Geistlichen, kann ihn nicht seelig machen, wenn nicht Christus in ihm durch einen mit Liebe gezierten Glauben wohnet. Dahero der Herr selber spricht: Das Reich Gottes ist in euch und unter euch, welches ist Christus.

Das 3 Capitel.
Wie des Menschen Gleichförmigkeit der Vollkommenheit in diesem Leben beschaffen.

Je mehr das Gemüth sorgfältig ist, diese niedrige, menschliche, irdische Sachen zu erwägen, zu suchen, zu behandeln: desto mehr wird es von den obern himmlischen Dingen in der innern Begierde abgerissen. Hingegen je mehr das Gemüthe von denen niedrigen Sachen abgerissen und gesammlet wird zu denen himmlischen: desto vollkommener wird alles geistliche Leben, das Gebeth, die Beschaulichkeit ꝛc. Die Einfalt sagts, daß die Seele zu beyden ohnmöglich zugleich aufmerksam und hingewandt seyn kann, weil sie beyde als Licht und Finsterniß von einander unterschieden. Denn wer Gott anhanget, der wandelt im Licht; wer aber der Welt anklebet, ist in der Finsterniß. Deswegen ist des Menschen völlige Vollkommenheit in diesem Leben, also mit Gott vereiniget zu werden, daß die ganze Seele mit allen ihren

ihren Kräften in Gott gelenket, gezogen, und ganz versenket sey; ja, daß sie ein einiger Geist mit Gott sey, an nichts gedenke, als an Gott, nichts empfinde und verstehe, als an Gott, und also alle Neigungen des Herzens, in der Liebes-Freud und Uebergab vereiniget mit seinem Willen, in der Geniessung des Schöpfers süßiglich ruhen. Also will das Ebenbild Gottes sich wieder ganz in die Eigenschaft der Seelen eindrucken, nemlich in Willen, Verstand, Gedächtniß. So lange diese Kräfte nicht ganz in Gott gleichsam eingerucket sind; so wird die Seele Gott nicht gleichförmig, und in ihren Erschaffungs-Ursprung wieder gebracht. Der Seelen Seele ist Gott, dem sie wieder einverleibet werden muß, wie das Wachs mit dem Siegel, wie das Gezeichnete mit dem Zeichen vereinet wird. Dieses geschiehet also nimmer, wo nicht der Verstand (Gemüth) völlig zur Erkenntniß Gottes gezogen, und also erleuchtet wird, wo nicht der Wille sich völlig hinlenket, die höchste Gütigkeit zu lieben, wo nicht das Gedächtniß völlig verschlungen wird, die ewige Glückseligkeiten anzuschauen, zu behungern, zu geniessen, und süßiglich in inniger Belustigung darinnen zu ruhen. Weil nun in solchen göttlichen Kräften und deren vollzogener Erlangung die Glorie der Seligkeit bestehet, die in unserm ewigen Vaterland vollzogen wird; so ists klar, daß deren gänzlicher Anfang die Vollkommenheit in diesem Leben sey.

Das 4 Capitel.

Wie die Geistes Wirkungen in dem Innersten des Gemüths und nicht in denen Sinnen seyn.

Glücklich ist die Seele, die durch beständiges Abkehren von aller Creatur und Sinnlichkeit sich zu dem Innersten wendet, und das Gemüth immer mehr zu Gott aufschwinget, daß sie endlich aller Welt und anderer Bilder vergißt, und mit blossem lantern Herzen in dem einfachen Gott versenket wird. Verwirf dann, o Seele, alle Bilder, Gestalten der Creaturen, damit deine ganze Geistes-Innigkeit in Willen und Verstand sich allein und beständig mit Gott bemühe. Das Ende aller Beschäftigung ist, daß man auf Gott allein ziele, und mit der allerbrünstigsten Herzens-Neigung in ihm ruhe. Solche Uebung geschiehet nicht in denen Leibes-Gliedern und äusseren Sinnen, sondern in und mit dem, dadurch der Mensch ein Mensch ist, in dem innersten Willens-Grund. So lange aber der Mensch mit denen Bildern und Kräften der Sinnen und der natürlichen Lüste spielet, und benenselben anhanget, scheinet er noch nicht die Bewegungen der viehischen Natur überschritten zu haben. Anders ists mit dem Menschen beschaffen, als der nach dem Gleichniß Gottes geschaffen ist, mit dem er also ganz innigst nach dem Willens-Geist einverleibet und vereiniget wird. Derohalben bemühet sich der Teufel so sehr, weil sie ein Vortrab ist des ewigen Lebens, das er dem Menschen mißgönnet. Er bemühet sich des Menschen Gemüthe von Gott abzuwenden durch unendliche Versuchungen, fremde Eingebungen, unnütze Bekümmernisse, verkehrte Sorgen, unfruchtbare Gesellschaften, eiteln Vorwitz, u. d. gl. Dann obschon solche Sachen oft geringe, ja fast gar keine Sünden zu seyn scheinen, so sind sie doch grosse Verhinderungen solches innern Werks. Ja ob sie gleich äusserlich nöthig zu seyn scheinen wollen, müssen wir sie doch als schädliche verwerfen und aus denen Sinnen vertreiben. Und deswegen ists zum geistlichen Leben sehr vorträglich, daß man solche äussere Sachen nicht so tief ins Gemüth einlasse, noch sich darinnen mit vieler

Bet-

Verbildung entwickle. Dann wann sie nicht tief
ins Gemüth eingehen, so hindern sie die Seele
nicht, weder im Gebeth, noch in göttlicher Be=
schaulichkeit. Also übergieb dich sicher ganz und
gar in allen deinen Sachen der göttlichen Vor=
sehung mit Stillschweigen. Ruhe, er wird vor
dich sorgen, arbeiten, streiten, und zwar besser
mit Hülfe, Rath, Trost, Erlösung zukommen,
als wenn du Tag und Nacht dein Gemüth in
Sorgen und Bedenklichkeit verzehretest. Nimm
alle Sachen und Anfälle, woher sie auch rühren,
mit stiller und geduldiger Ruhe an, als wenn sie
dir von der Hand der väterlichen Vorsehung her=
flössen. Entäussere dich von aller Vernunfts=Be=
denklichkeit leiblicher Sachen, auch in deinem
Stand, damit du mit ganz ledigem Gemüth dem
allezeit aufrichtig anhangen könnest, dem du dich
vielfältig und gänzlich aufgeopfert hast; so wird
nicht möglich seyn, eine Schiedwand mehr zwi=
schen ihm und dir zu setzen. Du wirst rein von
den Wunden der Menschheit Jesu in das Licht der
Gottheit einfliessen.

Das 5 Capitel.

Von der Herzens=Reinigkeit, deren man vor
allem nachjagen muß.

Wenn du auf sichere Tritte, ja kürzlich und
eiligst, auf dem Wege des Lebens zu ge=
langen dich bemühest; so seufze immer fleißig nach
wahrer Herzens=Reinigkeit, nach Verklärung des
Gemüths, und nach Ruhe der Sinnen und allen
Kräften des Geistes. Sammle alle Neigungen des
Herzens in das Innigste zu Gott. Entziehe dich
von allen äussern Geschäften und Gesellschaften,
die dir in diesem guten Vorsatz können verhinder=
lich seyn. Suche allezeit Zeit und Weise, um

Ruhe zur Beschaulichkeit zu finden, und solches in lauter Stillschweigen. Fliehe aus dem Schiffbruch der gegenwärtigen Welt, und vermeide ihre verwirrte Geschäfte. Um deswillen befleißige dich der Herzens-Reinigkeit und Ruhe, damit du dich allezeit mit verschlossenen leiblichen Sinnen zu dem Innersten wenden mögest. Ja laß die Herzens-Thür veste verriegelt seyn, damit die Bilder der irrdischen Sachen nicht eindringen mögen. Denn des Herzens-Reinigkeit besitzt unter allen geistlichen Uebungen und deren Früchten den obersten Platz. Hie ist das endliche Ziel und gleichsam Wiedervergeltung aller Arbeit, die ein wahrer Nachfolger Jesu Christi in seiner Gnade auf sich nimmt. Dahero befreye dein Gemüth mit allem Fleiß von allen solchen Sachen, auch in gutscheinenden weltlichen Geschäften, die dich können beflecken, verdunklen und verwirren. Bearbeite dich emsig, alle Herzens-Begierde auf das eine, wahre, einwesige und vortrefliche Guth zu lenken. Alle Geistes-Kräfte werden und bleiben in dem Innigsten versammlet, um Gott allein mit ganzem Gemüth anzuhangen, und mit beygesetzter aller irrdischen Gebrechlichkeit dasselbe ganz zu Jesu zu lenken, und ihm ähnlich zu machen. Wenn du dich also von allen Welt-Bildern, Sorgen, Geschäften ganz entäusserst und reinigest, hingegen immer näher und inniger mit grossem Vertrauen zu der göttlichen Quelle zuankerst; so wirst du schöpfen und kosten den Brunnen des göttlichen Wohlgefallens in allen deinen Anliegenheiten. Weil du Gott in solchem lautern Willen mit deinem Verstand vereiniget findest; so kann dir dieses zur Ausübung der Liebe Gottes und des Nächsten gnug seyn, wie nemlich die Gabe des Heil. Geistes dich lehret, daß du aller Bücher entbehren kannst. Mache nur dein Herz mit allem Fleiß recht einfältig, daß du von allen Bildern unbeweglich und ruhig abgekehrt seyst und bleibest. Du must innerlich allezeit bey dir in dem Herren stehen, als wenn deine Seele schon in der Ewigkeit, d. i. in Gottes Anschauen, stünde. Du must dich aus Liebe zu Jesu mit reinem Herzen, mit gutem Gewissen, mit vesten und nicht erdichteten Glauben, ganz verlassen, und also Gott ganz übergeben in allen Trübsalen und Anliegenheiten, daß du nichts anders begehrest, als seinen Willen in allem zu thun und zu leiden. Damit dieses immer völliger geschehe, so ist nöthig, daß du immer aufs neue wieder in dein Herz einkehrest, dich immer aufs neue von allen andern Vorwürfen befreyest, den Verstand von irrdischen Bildern auch behütest, den Willen von vergänglichen Sorgen abziehest, hingegen dem höchsten und wahren Guth allezeit auf das neue steiffer anzuhangen arbeitest. Du must die innerste Gedanken und Sinnen des Geistes immer höher empor schwingen, um also ganz bey dem alleinigen wesentlichen Guth unbeweglich zu verharren. Endlich wird also deine Seele mit allen ihren Kräften in Gott versammlet ein Geist mit ihm werden, ja erkennen und betasten, daß darinnen die höchste Vollkommenheit dieses Lebens bestehe. Dieses ist die Einigkeit des Geistes und die wahre Liebe, dadurch der Mensch mit allen Begierden dem obern und ewigen Willen Gottes gleichförmig wird, was Gott von Natur ist. Dabey ist zu merken, ja zu erfahren, daß in dem Augenblick, in welchem der Mensch durch Gottes Hülfe seinen Willen übergeben und überwinden kann und will, d. i. seine unordentliche Neigungen verläugnen, er Gott so nahe und wohlgefällig wird, und er ihm alle Gnade mittheilet, durch welche er solche Macht und Gewißheit des Glaubens und Liebes-Brünstigkeit empfindet, welche allen Zweifel und Furcht vertreibt, und die Hofnung und Vertrauen auf Gott gründet. So ist denn

denn nichts seliger, als dem alles zu befehlen, in welchem kein Mangel ist. Wie lange bau*r*st du und stehest auf dir selbst, da du so bald erliegest? Wirf dich ganz und mit grosser Zuversicht zu Gott, er wird dich aufnehmen, heilen, führen, erretten. Wann du dieses stets in dir mit Wahrheit wiederholest und erneuerst, so wirds dir zum seligen Leben, auch schon hier, förderlicher seyn, als aller Reichthum, Ehre, Herrlichkeit, Weisheit der betrüglichen Welt, wann du auch darinnen übertreffen solltest alle, die jemalen gelebet haben.

Das 6 Capitel.
Wie ein geistlicher Mensch Gott mit blossem Verstande anhangen soll.

Je mehr du dich von denen weltlichen irrdischen äussern Verbildungen und Verstrickungen entblössen wirst: desto mehr wird deine Seele wahre Süßigkeit und Stärke erlangen, damit dir empfindlich und wohlgeschmackt werde dasjenige, so droben ist. So lerne dann dich von denen Bildern der äussern Sachen ganz abzuziehen, weil Gott dem Herrn ein solches entblöstes Gemüth sehr gefällig ist, bey den Menschen Kindern zu wohnen. Diese sind, die von irrdischen Geschäften, Begierden, Sorgen, Verwirrungen, Zerstreuungen ganz entzogen sind, und mit ruhigem, einfältigem, reinem Herzen auf den Herrn allein merken, ziehlen und ihm anhangen. Wenn hingegen dein Gemüth von göttlichen Vorwürfen und Erinrungen ganz müßig ist; so muß es davor nothwendig mit vergangenen, gegenwartigen und zukünftigen, Bildern, Sorgen, Vernunfts-Bedenklichkeiten überfallen, und also mit schädlichen Lasten beladen werden. Dahero verbirgt sich der Heilige Geist von denen Gedanken, die

die ohne Verstand sind. Es muß also ein wahrer Liebhaber Jesu Christi seinen Verstand auch, (wie sein Wille mit dem göttlichen Willen und dessen Güthigkeit vereinigt ist) von allen vorigen Bildern entblössen, damit nicht die böse Reißungen wieder aufgewecket werden. Merke nicht darauf, ob man dich verlache oder lobe, liebe oder hasse, oder dir sonsten was zufüge. Dann der gute neue Wille in dir erfüllet alle Dinge und übertrift alles. Wann dann der innerste Wille und Verstand rein und und mit Gottes Willen gleichförmig gemacht worden; so wirst du auch die Anfechtungen überwinden können, wann dieselbe das Fleisch, Sinnen und ganzen äussern Menschen wollen antasten, zum Guten schläfrig machen, ja auch den innern Menschen zur Andacht kalt und lau; das Innerste wird im Glauben mit Willen und Verstand doch Gott bloß anhangen, daß alsdann solche Pfeile nichts schaden können. Alsdann merket der Mensch seine Nichtigkeit und erkennet, daß all sein Guth allein in Gott bestehe. Er verläst und verläugnet sich selbst mit allem seinen Vermögen, ja die ganze Creatur, und versenket sich in seinen Schöpfer, daß er also immer reiner alle seine Wirkungen allein aus ganzem Herzen auf und aus Gott lenket und leitet. Er suchet ausser ihm nichts, weil er empfindet, daß er in ihm alles Gutes gefunden, und alle Vollkommenheiten angetroffen. Also wird er gleichsam in Gott verändert, daß er an nichts gedenken, nichts verstehen, sich keines andern Dinges erinnern will und kann, als Gottes, und was Gott angehet. Andere Creaturen und sich selbsten siehet er nur allein in Gott. Er liebet nichts als Gott allein, er erinnert sich deren und seiner selbsten nicht als in Gott. Diese wahre und neue Erkenntniß macht die Seele sehr demüthig, daß sie sich selbsten und nicht andere urtheilet, wie

hin=

hingegen die weltliche Weisheit den Menschen eitel und aufgeblasen macht. So sey dann diese Lehre von Verstandes = Entblössung im Grund, daß, wenn du zur Erkenntniß Gottes und seinem Dienst hintrist, ja wenn du Gott wahrhaftig besitzen und geniessen willst, von nöthen sey, das Herz von allem Anhangen an einiger Creatur loß zu reissen, um also mit ganzem Herzen, mit allem Vermögen auf Gott allein, einfältig, ohne Sorge, Bekümmerniß, Doppeltheit dich zu richten, ja mit völliger Zuversicht ohne das geringste Vertrauen auf dich, alles zu überlassen.

Das 7 Capitel.

Wie man das Herz innerlich sammlen soll.

So kann das Gemüth bey solcher Uebergab auch zu Gott aufsteigen, d. i. ganz in das Innerste sich verfügen. Dann wer in sich selbsten gehet, und sich inwendig durchdringet, der erhebet sich von sich, und steiget wahrhaftig zu Gott auf. So lasset dann unsere Herzen ganz und immer mehr von allen Zerrüttungen, und Geschäftigkeiten der Welt abziehen. Lasset uns ganz zum Innern sammlen, damit wir uns endlich zum Licht göttlicher Beschaulichkeit ganz anheften mögen. Dieses ist das Leben und die Ruhe unsers Herzens, wann wir uns in reiner Begierde mit und in reiner Begierde mit und in der Liebe Gottes tief gründen lassen, so werden wir bald mit seinem Trost süßiglich ergötzet. Daß wir aber in solchem süssen Geschmack und Genuß der Gnade vielfältig verhindert werden, und dazu nicht völlig gelangen können, ist die Ursach, weil unser Gemüth mit Sorgen verwirret, das Gedächtniß mit Bildern beschattet, der Verstand durch Begierlichkeit angelocket; daß also die Seele das Hungern nicht

ganz

ganz in sich wenden, und die geistliche Süßigkeit genießen kann. Unmöglich ists, wenn wir denen gegenwärtigen Dingen ankleben, daß wir uns zu dem Innersten recht verfügen, mithin in das Ebenbild Gottes eingehen können. So ist dann nöthig, daß das Gemüth mit grosser Demuth, Ehrerbietung und Zuversicht sich über sich und alle erschaffene Dinge erhebe. Ja es muß alle Sachen so verläugnen, damit es innerlich sich allein mit den göttlichen beschäftigen und auch besprechen möge: Wen suche, liebe, wünsche und begehre ich aus allen, und vor allen, und über alle Dinge? Er ist nicht empfindlich, noch durch die Sinnen begreiflich; sondern er ist über alle Empfindlichkeit. Mit ganzer Begierde des Herzens ist er nur zu suchen. Mit Zeichen kann man ihn nicht erblicken, sondern mit innigstem Liebes-Sehnen müssen wir ihn aufspüren. Er ist nicht zu schätzen, sondern mit entzückender Liebe nur zu lieben, der ganz von Liebe, ja ganz von unendlicher Güte und höchsten Vollkommenheit ist. So steiget der Mensch in die Licht-volle Dunkelheit des Glaubens, und kommt immer höher und tiefer in seinen Ursprung ein. Diese Weise des Aufsteigens bis zur dunklen Beschauung der allerheiligsten Dreyeinigkeit in Jesu Christo, wird desto voller, je mehr brennend die aufsteigende Begierdenkraft wird. Ja sie wird desto fruchtbarer, je näher und geheimer das Liebes-Sehnen in der Seelen sich erwecken läßt. Die geistliche Erfahrung wächst, je inniger, höher, die geistliche Vorwürfe sind. Höre derowegen nimmer auf, sey niemahlen ruhig, bis du der Kräften und Gaben künftiger Welt einen Geschmack als Hand-Geld kostest, und die Erstlingschaft der göttlichen Süßigkeiten erlangest. Lasse nicht nach in ihrem Geruch nachzueilen, bis du Gott aller Götter in Zion anschauest. Lasse nicht nach, sage ich, im geistlichen Fortgang, bis du du in Vereinigung mit Gott und vestem Ankleben deinen Zweck völlig erlanget habest. Nimm ein Gleichniß an denen, die einen natürlichen Berg aufsteigen. Wann sich unser Geist in das Beschauen und Begehren der irrdischen und vorbeygehenden Güter vertieft; so wird er ja so bald durch unendliche Verwirrungen weggerissen und zerstreuet, und gleichsam in so viele Theile ausgebreitet, wie viele die Sachen sind, die er durch die Verbildung und Begierde sich wünschet. Es ist also solche flüchtige Geistes-Bewegung ohne Eindringen und veste Stehen in dem wahren Guth. Es ist ein Lauf und Arbeit ohne Gelangen zum Ziel der Ruhe. Wann aber das Gemüth sich von denen unendlich vielen Zerrüttungen durch die Liebe zum Unvergänglichen abzeucht, und die Begierde in sich zu dem einigen, unveränderlichen Guth wendet, mit ganzem Herzen demselben anzukleben; so wird es in Wahrheit immer mehr mit demselben vereinet und gestärket, je mehr es durch Erkenntniß und Verlangen erhoben wird. Es wird also das Gemüth durch wachsenden Genuß dieses höchsten Guths immer mehr bequem gemacht, solches unveränderlich zu besitzen, und das Leben Gottes selbsten zu erlangen. So kann es also stets ohne Veränderung und ohne Unterschied der Zeiten in der innerlichen, ruhigen und geheimen Wohnung der Gottheit ruhen, als die völlig in Christo bey der Seelen verbleibt, als welcher Mittler zu diesem Zweck zu uns gekommen, um uns als der Weg, Wahrheit und Leben zu diesem verlohrnen Erbe wieder zu bringen.

Das 8 Capitel.

Wie sich ein geistlicher Mensch bey allen äussern Zufällen Gott ergeben und vertrauen soll.

Ich glaube nun, daß du aus denen bisherigen Vorstellungen wirst erkennen, wie du nemlich

durch

Das 8 Capitel.

durch Entblößung von aller Creatur, Bildern und Begierden, in den Stand der Unschuld mögtest treten. Was ist aber besser, glückseliger und lieblicher als Er? So ist dann sehr vonnöthen, daß du dein Gemüth von allen Verbildungen und Zerrüttungen entledigest, dich nicht bekümmerst um Welt, Freunde, Glück, nicht um vergangene noch künftige Sachen, nicht um dich, nicht um andere, ja nicht um die Sünde und Fehler. Gedenke bloß allein in reiner Einfalt, als wenn du bey Gott in der Welt seyst, ja als wenn deine Seele vom Leib abgeschieden in der Ewigkeit wallete. Dann alda würde sie zweifels ohne kein weltlich Ding mehr anfechten, sondern sie würde gleichförmig an Gott denken, ihm dienen, ihn lieben, ihn loben, ihm anhangen. Auf solchen Grund verlasse auch deinen Leib, alle gegenwärtige und zukünftige Geschöpfe, die dir noch so nahe stehen; ja hefte das Angesicht deines Geistes steif nach allem deinen Vermögen bloß und ernstlich an das unerschaffene Licht. Also kann und soll dein Geist von allen äussern Eingebungen, Verbildungen und Zerstreuungen entladen, als ein Engel seyn, der nur mit einem Leib umgeben ist, nur aber durch die Wirkungen des Fleisches nicht verhindert, noch mit vergeblichen Sorgen, Gedanken und Sehnen verwickelt wird. So soll man auch den Geist befestigen gegen alle von aussen kommende Versuchungen, gegen Schmach und Schaden, damit er unverhindert und unverändert bey Gott in Glück und Unglück beharre Wenn dir einige Zerstreuung, geistliche Trägheit, Zerrüttung des Gemüths begegnet; so werde deshalben nicht ungedulbig und kleinmüthig, eile auch nicht zum äussern Mund-Gebeth oder zu andern sinnlichen Trost und Uebung. Eile zu dem Innern, daß du mit ganzem Gemüth Gott anhangest, und dich in ihm aufmunterst, es gefalle oder mißfalle der sinnlichen Empfindlichkeit. Denn es muß eine zu Gott einmal gewandte Seele also mit ihrem Ursprung vereiniget seyn, ihren Willen mit dem göttlichen dermassen verbunden haben, daß sie sich in allen zukommenden innern und äussern Veränderungen und Anfechtungen mit keiner Creatur mehr beschäftige und ihr anklebe, ja sich so gegen sie verhalte, als wann sie noch nicht erschaffen wäre, und nichts anders als Gott und die Seele in der Welt sey. Dergestalt soll sie alle Dinge sicher, gleichmäßig und unfehlbar von der Hand göttlicher Vorsehung annehmen, und sie dem Herrn darinnen in Ruhe und Stillschweigen gleichförmig ertragen. So ist also die Entblössung des Gemüths von allen Verbildungen zum geistlichen Leben sehr ersprießlich, damit du bloß in deinem Willens=Geist mit Gott vereiniget seyst, sonst wird zwischen dir und Gott kein Mittel seyn. Dann wird durch die freywillige Armuth aller Creatur dir entzogen, durch Enthaltung und Mäßigkeit der Leib dir geraubet, durch Gehorsam der Wille genommen; so ist die Seele dir entzogen, daß kein Mittel zwischen dir und Gott mehr übrig bleibt. Nichts äusseres kann dieses innere beweisen, es sey dieses oder jenes geistliche Bild. Merke dann, wie gröblich du mißhandelst, und wider Gott deinen Herrn sündigest, wann du anders thust, mehr dem Geschöpfe als Schöpfer mit deiner Liebe anhangest, ja gar das Geschöpf vorziehest.

Das 9 Capitel.

Wie die auf Gott gerichtete Beschaulichkeit allen andern Uebungen vorzuziehen.

Alle Dinge sind Gottes Werkstücke und Würkungen, ihrem Wesen und Vermögen ist ein gewisses Ziel gesetzet, sie sind aus nichts erschaffen, und mit Nichtigkeit umgeben, und eylen aus sich

Das 9 Capitel.

zur Richtigkeit sie müssen derowegen von Gott augenblicklich ihr Wesen, Wirken und alles, was in ihnen ist, erhalten, sie sind aus sich selbst und von allen andern unvermögend, sie sind zu allen Würkungen wie nichts gegen etwas. In solcher Betrachtnug soll allein in und um ihn, ja auf ihn, den Herrn und Schöpfer, alle unsere Beschaulichkeit, Leben und Würken gerichtet seyn. Dann er weiß mit einem einzigen Wink seines Willens viele vollkommene Geschäfte hervor zu bringen. So ist dann weder nach dem Verstand, noch nach dem Willen ein Vorwurf zur Beschaulichkeit nützlicher, vollkommener, glückseliger, als von, in und zu Gott, dem höchsten Guth, von, zu, und in welchem alle Dinge herfliessen und wieder zueilen, der ihm und allen Dingen unendlich gnugsam ist, der aller Sachen Vollkommenheiten von Ewigkeit auf das Einfältigste begreift, in welchem nichts ist, das er selbsten nicht sey. Er ist doch aller unbeständigen Dinge Ursprung. Er ist aller veränderlichen Sachen unveränderlicher Anfang. Er ist, der alles erfüllet, und allen Dingen das Leben gegeben, und noch alles wesentlich mit sich selbsten begabet. Er ist jedem Dinge viel näher und gegenwärtiger durch das Wesen, als die Sache selbsten. In ihm sind alle Dinge zugleich vereiniget, sie leben und bleiben in ihm ewiglich. Hier hast du, o Mensch! Beschaulichkeits-Gründe genug, darinnen du auch die Flammen deiner Liebe unterhalten kannst. Willst du aber aus Unvermögenheit des Verstandes in denen Creaturen durch Beschaulichkeit dich nicht tief ersenken und aufhalten; so gehe mit deiner Betrachtung beym Schöpfer und Geschöpf nur dahin, daß du mit deiner Liebe allein eine ungebildete Belustigung habest, damit das Feuer göttlicher Liebe und des Lebens selbst in dir und andern immer brenne, und also das ewige Leben sein Vorspiel erreiche. Hier ist nun der Unterschied

terschied in der Beschaulichkeit der Gott= und Welt=
Weisen. Die heydnischen Weisen halten die Be=
schaulichkeit vor die Vollkommenheit des Beschauen=
den, und ist also ihr Ziel die Erkänntniß des Ver=
standes. Aber die Beschaulichkeit der Heiligen ist
aus Liebe zu Gott, denn man mit der Beschau=
lichkeit immer inniger suchen, finden, lieben und
ehren möchte. Deswegen setzt man das Ziel der
Beschauung nicht im Verstand, sondern gehet tie=
fer in die gänzliche Liebes=Uebergebung, und Ge=
niessung des höchsten Guths. Darum ist diese
Erkänntniß Gottes zum hohen Beschaulichkeits=
Zweck gesetzt, weil also Christum zu erkennen so
viel ist, als ihn zu haben, so ja also geistlicher
Weise viel wesentlicher ist, als das Leibliche gewe=
sen. Wann nun die Seele um dieses Lichts willen
sich aller andern Sachen entäussert, und sich ganz
in das Innerste wendet, so wird das Aug der Be=
schaulichkeit immer mehr erweitert, richtet sich
gleichsam mit einer Leiter immer mehr in die Höhe,
bis zum unveränderten Gott=Schauen; die Seele
wird also erhitzt, die himmlische, göttliche, ewige
Güter immer mehr zu begehren, da sie hingegen alle
zeitliche Güter von weitem ansiehet als unnütze und
schädliche Sachen. Wann wir nun zu Gott nahen
durch den Weg der Verläugnung; so legen wir bil=
lig ab (auch gar aus des Gemüths Begrif) alles
Leibliche, ja alles Vernünftige, und endlich das
Wesen selbst der Creatur. Wir kommen in den
Stand des göttlichen Lebens, wann wir in die
tieffste Dunkelheit bey solchem Absterben scheinen zu
fallen, dann da ist Gott selbsten, und dahin sind
alle Heilige gekommen, die in solcher Nacht das
bleibende Licht gefunden. O so muß die Seele im=
mer fort gehen, sich immer abwenden und vorüber
wandern, vom Leiblichen und Viehischen zur Ord=
nung der Natur, vom Würken zum Ruhen, von
Tugend zur Erfahrung. Darum, o Seele! was
bemü=

bemüheſt du dich mit vielen Dingen, da du doch dabey immer mangelhaft bleibeſt? Liebe das alleinige beſte Guth, in welchem alles gut iſt, das iſt ſchon genug. Elend iſt der Menſch, welcher alles weiß und hat, und Gottes doch entbehret. Wann er aber alles und ihn zugleich weiß und hat, ſo iſt er deswegen nicht ſelig, ſondern um ſeinet willen allein. Dahero ſpricht Johannes: Das iſt das ewige Leben, daß ſie dich erkennen. Und der Prophet ſpricht: Ich werde erſättiget werden, wann deine Glorie erſcheinen wird.

Das 10 Capitel.

Die würkliche und empfindliche Andacht iſt nicht ſo ſehr in Acht zu nehmen, als daß man nur mit dem Willen Gott anhange.

Achte nicht viel die würkliche Andacht, die empfindliche Süßigkeit, die Thränen ꝛc. ſondern ſey allein mit treuem Herzen im Innerſten mit Gott vereiniget. Dann es gefällt Gott über alles ein von allen Verbildungen entblöſetes Gemüth, d. i. welches von aller Creatur, Bildern und Begierden ganz befreyet iſt. So ſoll alſo eine Gottbegierige Seele von allen Creaturen ſich gern entblöſſen laſſen, um frey auf das Göttliche allein zu merken, demſelben obzuliegen und anzuhangen. Verläugne dann dich ganz freywillig ſelbſten, damit du bloß und nackend Chriſto, deinem Gott und Herrn nachfolgeſt, der deinetwegen wahrhaftig arm, klein, keuſch gehorſam worden, daß ſich an ſeinem Leben und Tod viele geärgert. Und gleich wie die vom Leibe abgeſonderte Seele nicht merket, was man mit ihrer Hütten machet: ſo ſey auch hier gegen deinen Leib, und richte nur alles auf das einige und ewige Guth der Seelen. Hier wirſt du in ſolcher Uebung groſſe Gnade empfinden, um die Entblöſſung des Gemüths und Herzens zu erlangen.

Wirst du ganz entblösset im Gemüth, um Gott frey und lauterlich anzuhangen: so wirst du auch in allen Anfällen unüberwindlich seyn. Die Heiligen Gottes haben alles veracht, und nur an der Seelen Sicherheit und Ewigkeit gedacht. Sind deswegen innerlich also bewafnet, und so genau mit Gott vereiniget worden, daß sie alle Güter der Welt verlacht, als wann die Seele vom Leibe schon abgesondert wäre. Erwäge nun hieraus, wie viel der gute und mit Gott vereinigte Wille vermöge. Durch ihn wird die Seele wieder in Gott eingewurzelt. Durch die geistliche Abreissung von Fleisch siehet die Seele den äussern Menschen von weitem an, als wann er ihr nicht zugehöre. Alle Dinge, was man dem Leib oder Fleisch zufüget, sind ihr so geringschätzig, als wann sie andern Menschen oder Thieren wiederführen. Dann wer Gott anhanget, ist ein Geist mit ihm. So unterfange dich dann durchaus nicht, etwas vor Gott deinem Herrn, auch innerlich zu gedenken und einzubilden, darüber du vor Menschen wünschest gehört und geehrt zu werden, oder welches dich vor andern beschämen sollte. Richte deine Gedanken und Anschläge allein zu Gott, als wann neben ihm sonst nichts mehr wäre. Mit solchem alleinigen Anschauen deines Gemüths und Anhangen wirst du geniessen den Anfang des künftigen Lebens.

Das 11 Capitel.

Wie man denen Versuchungen widerstehen und die Trübsalen ertragen solle.

Keiner ist, der sich zu Gott nahet mit reinem und aufrichtigem Herzen, der nicht mit Versuchungen und Trübsalen probiret und bewähret wird. Man muß also in allen Versuchungen dieses beobachten, daß, ob man sie schon verspüret, man

man doch nicht darein willige, sondern sie mit aller Demuth und Geduld ertrage. Sind sie aber abscheuliche Gotteslästerungen, so halte dieses vor gewiß, daß du nichts besseres gegen sie thun kannst, als solche Eingebungen vor nichts zu achten, ob sie schon erschröckliche Phantasien seyn; verachte sie, masse sie dir nicht zu, und mache dir kein Gewissen deswegen. Zweifels ohne wird der Feind abweichen, wann du ihn und sein Werk also verachtest. Denn weil er sehr hoffärtig ist; so kann er nicht erdulden, verachtet zu werden. Solche Dinge dann vor gar nichts zu achten, ist das beste Mittel, gleich wie wir die vor unsern Augen fliegenden Mücken nichts achten. Es soll sich also ein Diener Christi wohl vorsehen, daß er nicht so leicht mit Ungestümigkeit vor dem Angesicht seines Herrn wegfliehe, sich erzürne, murre, beklage über die Ungestümigkeit einer Mücken, Versuchung, Argwohns, Traurigkeit, u. d. gl. innern und äussern Widerwärtigkeit, weil durch die einzige gegen Gott aufgehobene Hand des guten Willens man alle diese Dinge vertreiben kann. Durch den treuen Willen hat der Mensch Gott zum Besitzer, die Engel zu Beschützern. Durch den guten Willen wird alle Versuchung überwunden, wie durch eine Hand eine Mücke vom kahlen Kopf vertrieben wird. So sey dann Friede dem Menschen, die eines guten Willens sind. Nichts köstlichers und reichers kann man Gott aufopfern, als einen guten Willen, das ist, das Herz. Dieser ist ein Ursprung aller Güter, eine Mutter aller Tugend. Wer ihn anfängt zu haben, der besitzet schon alles, was zum seeligen Leben nöthig ist. Wenn du nun das Gute willst, und kannst es nicht ins Werk stellen, so wird dirs Gott belohnen, als wenn das Werk selbsten geschehen wäre. Diesem nach ist der Rath Gottes richtig, daß der Lohn im Willen sey, wie im Elend die Strafe sich findet.

Dann die Liebe ist ein grosser Wille, Gott zu dienen, eine süsse Neigung, Gott zu gefallen, eine brünstige Begierde, Gott zu geniessen. Die Versuchung aber ist keine Sünde, sondern ein Vorschub, die Tugend zu üben, damit der Mensch zu mehrern Gütern des Heils gelange. Dann des Menschen ganzes Leben wird eine Versuchung genannt.

Das 12 Capitel.
Von der Liebe Gottes, wie kräftig sie sey.

Alle angezogene Stücke, nemlich alles was nur zur Seligkeit nöthig ist, kann nicht besser, näher, heilsamer erhalten werden, als durch die Liebe, durch welche alle Nothdurft deren zur Seligkeit ersprießlichen Güter wieder erstattet wird. Darinnen befindet sich der Ueberfluß alles Guten, es ermangelt nicht die Gegenwart der höchsten Begierde, um alles mit der Glaubens-Hand zu ergreifen. Die Liebe ist es allein, mit der wir uns zu Gott wenden, in Gott verändert werden, Gott anhangen, mit Gott uns vereinigen, damit wir begabet werden, mit seiner Gnade hier, dort aber mit seiner Herrlichkeit. Die Liebe ruhet nicht, als in dem Geliebten, welches geschiehet, wann man ihn mit völliger und friedsamer Besitzung erlanget. Die Liebe ist der Weg Gottes zu dem Menschen, und der Weg des Menschens zu Gott. Gott kann keine Wohnung haben, wo die Liebe nicht ist. Wenn wir nur die Liebe haben, so haben wir Gott, dann Gott ist die Liebe. Es ist nichts durchdringenders, nichts scharfsichtigers als die Liebe, die nicht ruhet, bis sie die ganze Natur und Kraft durchdringet im Liebhaber. Sie vereinet sich mit dem Geliebten so ganz, daß, wann es geschehen könnte, der Liebhaber mit dem Geliebten in ein Wesen verwandelt würde. Dar-
mu

Das 12 Capitel.

um erduldet sie kein Mittel zwischen ihr und dem Gegenwurf, zwischen dem nemlich, den sie liebet, welcher Gott ist, sondern sie verlanget inniglich nach ihm. Derohalben ist sie nimmer ruhig, bis sie alle Dinge übersteiget, und zu ihm, ja gar in ihn anlanget. Die Liebe hat eine vereinbahrende und ähnlich machende Kraft, daß eines von den Geliebten im andern sey. Auch die süsse und anmuthige Erinnerung der Liebhabenden, die grosse Bemühung auch, wie eines dem andern zu gefallen möge alles tief und vollkommen erkennen und thun, bekräftigen dieses. Eines Gefallen, ruhet in des andern Belustigung. Eines ist mit dem andern in gleichem wollen und nicht wollen, in gleicher Freud oder Traurigkeit, als wann man alles selbst also zu geniessen und zu empfinden hätte. Die Liebe zeucht an sich, weil sie stark ist, als der Tod. Sie setzet den Liebhaber ganz ausser sich, und vereinigt ihn so mit dem Geliebten, daß sie ihm inniglich anhange. Die Seele ist vielmehr da gegenwärtig, wo sie liebet, als wo sie lebendig machet. Dann also ist die Liebe in dem Geliebten nach ihrer eigenen Natur, aber in dem, was sie lebendig macht, ist sie nur nach ihrem Vermögen, welches auch denen Thieren gemein ist. So ists dann nicht anders, was uns vom äusserlichen zu dem innerlichen, ja selbsten in die Gottheit ziehet, als die Liebe, die Begierde die Süßigkeit Gottes in Christo zu empfinden, zu kosten, und zu geniessen. Nichts ists anders, als die Kraft der Liebe, welche die Seele von der Erden zu dem höchsten Gipfel des Himmels führet. Es kann auch niemand zur Seligkeit gelangen, wo ihn nicht die Liebes-Begierde anlocket. Die Liebe selbst ist das Leben der Seelen, das hochzeitliche Kleid und ihre Vollkommenheit, darinnen Gesetz und Propheten bestehen; dann die Liebe ist des Gesetzes Fülle, das Ziel und Ende.

Das 13 Capitel.

Beschaffenheit und Nutz des Gebethes, wie man das Herz innerlich soll gesammlet halten.

Wir sind ja zu allem Guten ganz untüchtig, auch können wir Gott nichts geben, welches er selber nicht in uns würken muß und will. So lehret uns der Herr selber, wie wir in allem Anliegen wahre Zuflucht zum Gebeth nehmen sollen, als Arme, Kranke, Bettler und Kinder, damit wir auf uns selbsten ein Mißtrauen setzen, hingegen mit demüthiger Liebes-Furcht, mit brünstiger, einfältiger, aufrichtiger Liebe und völliger Zuversicht anbefehlen. Diese Herzlichkeit mit Gott soll immer mehr zunehmen, wie jener Alt-Vater gerathen: Alsdann werden wir eins mit Gott seyn, und Gott wird wieder mit uns alles in allem seyn, wann seine völlige Liebe, mit welcher er uns anfänglich geliebet hat, wird in unser Herzens Herz ganz eingegossen seyn. Dieses wird dann geschehen, wann alle unsere Liebe, Begierde, Fleiß, Arbeit, alle Gedanken, Reden, Hoffen, Würken, ganz Gottes seyn werden. So wird die Einigkeit, die der Vater mit dem Sohn hat, und der Sohn dem Vater, in unser Herz wieder ganz eingegossen, daß, wie er uns mit unausflößlicher Liebe umfähet, wir auch ihm mit stetigem Liebes-Anhangen uns verbinden; und so, was wir hoffen, verstehen, begehren, würken, leiden, nichts als Gott sey. Dieses soll die stete Arbeit des Geistes seyn, daß er also ein Bild künftiger Seligkeit in dieser sterblichen Hütte trage, und gleichsam das Pfand der himmlischen Seligkeit und Herrlichkeit vor zu kosten anfange. Diß, sage ich, ist das Ziel der ganzen Vollkommenheit, daß das von allem fleischlichen und weltlichen Wandel und Wesen entfrembete Gemüth täglich mehr und mehr zu himmlischen

lischen Sachen erhoben, und der ganze Wandel, auch aller Herzens-Wille zu einem unaufhörlichen Gebeth und Gespräch mit Gott gemacht werde. Denn es kann nicht anders seyn, wenn das Herz von allem irdischen Wust zu Gott immer mehr ankert, daß es immer in seufzenden Stöhnen bleibt, und ihm der geringste Absonderungs-Augenblick von dem höchsten Guth wie der gegenwärtige Tod und schädlichste Untergang scheint und scheinen soll. Es wird also das Herz immer mit steissen Wiederkehren und Anhangen an Gott des Apostels Rath erfüllen: Bethet ohne Unterlaß an allen Orten. Hebet reine Hände auf ohne Zorn. In solcher Reinigkeit, Aufrichtigkeit des Herzens, was ein Christ thut, der vom Irdischen zum Himmlischen gezogen ist, wird ein stetes Gebeth seyn. Wer nun dieses unverbrüchlich beobachtet, dem wird das innere Vereinigungs- Sammlungs- und Zukehr-Geschäfte so leicht und gering seyn nach allen Kräften und Früchten der himmlischen Beschaulichkeit und Genuß, als in der Natur zu leben.

Das 14 Capitel.

Das Zeugniß des Gewissens ist in jedem Gericht zu suchen.

Zum Fortgang des geistlichen Lebens, um die Ruhe und Reinigkeit des Herzens in Gott immer mehr zu erlangen, ist sehr förderlich, daß wir in allem, was von uns gesagt, gehalten, gehandelt wird, stille zur innern Verborgenheit des Geistes gehen, und allda von allen äussern Dingen abgezogen, gesammlet uns darstellen, um also die Wahrheit davon an solchem innern Sabbath zu merken und zu erkennen. Allda werden wir befinden, daß es uns nichts nütze, wenn wir äusserlich von andern gelobet und verehret werden, wo wir uns durch innere wahre Erkenntniß strafbar und schuldig finden. Hingegen ist es uns nicht schädlich, wann wir äusserlich verachtet, gescholten und verfolget werden, und doch dabey innerlich im Gewissen uns unschuldig befinden. Wir haben uns noch über dem höchlich im Herzen mit Stillschweigen zu erfreuen, weil keine Widerwärtigkeit schaden kann, da keine Boßheit herrschet. Gleichwie nichts Böses ungestraft, so bleibt nichts Gutes unbelohnt. Lasset uns denn mit benen Gleißnern allhier die Belohnng erwarten, oder die Wiedervergeltung von Menschen empfangen, sondern von Gott dem Herrn allein, und nicht im gegenwärtigen, sondern im zukünftigen Leben, nicht in der vorbey gehenden Zeit, sondern in der Ewigkeit. So ist dann ganz klar, daß nichts besseres sey, als allezeit in aller Trübsal und Anfechtung sich zum Innersten des Herzens zu wenden, und allda Jesum unsern Helfer anrufen, alle Versuchungen zur Demüthigung über die Sünde anzunehmen, ja Gott den Vater loben, daß er uns hier strafet. Wir sollen alles, was Gott und uns in solchen Leidenschaften angehet, gedulbig mit aller Zuversicht von der Hand seiner gnädigen Vorsehung und gerechten Ordnung annehmen. Daraus werden viele Früchte folgen, Vergebung der Sünden, deren Bitterkeit Versüssung, sichere Ruhe des Gewissens, Mittheilung mehrerer Gnaden-Kräfte, Gaben, Versicherung, weitere Anlockung und Stärkung seiner zu uns gerichteten Liebe und Freundschaft, ein überfliessender Trost, eine vestere Anklebung und Verbindung mit ihm ꝛc. Lasset uns denen nicht nachfolgen, die durch Gleißnerey sich bemühen vor denen Menschen anders zu erscheinen, als sie innerlich in der Wahrheit erkannt werden. Es ist eine vermessene Thorheit, der Menschen Lob suchen, sich selber glorwürdig vorstellen, da man inwendig voller

ler Heucheley und schwerer Sünden ist. In Wahrheit, wer solcher Eitelkeit nacheilet, von dem werden die obgemeldete Güter weichen, und er wird sich in Schanden setzen vor Gott, Engeln und Menschen. Darum setze dir zur sichern Bewahrung nur immer deine böse Werke vor Augen. Erkenne deine Untauligkeit, damit du immer aufs neue gedemüthiget werdest. Habe auch keinen Abscheu, wegen deiner Laster von allen als ein Verworfener gehalten zu werden. Schätze dich unter allen als ein Schaum unter Gold, als ein Unkraut unter dem Weizen, als ein Spreu unter den Früchten, als ein Wolf unter den Schaafen, als der Satan unter denen Kindern Gottes. Begehre nicht von andern geehret oder ihnen vorgezogen zu werden. Fliehe vielmehr von ganzem Herzen dieses schädliche Gift und Dunst des Lobes und Ehrsucht, damit nicht nach des Propheten Wort in dir der Sünder in den bösen Begierden seiner Seele gelobet werde. Dann die dich also seelig sprechen, wie auch der Prophet saget, betrügen dich, und zerstöhren den Weg deiner Fußtritte. Ja, wie der Heyland selbsten das Wehe ausrufet über diejenenig, welche die Menschen loben.

Das 15 Capitel.

Wie die Verachtung seiner selbst so nützlich sey.

Je mehr ein Mensch seine eigene Nichtigkeit erkennet, desto klärer beschauet er die göttliche Majestät. Je mehr er auch um Gottes willen, der die Wahrheit und Gerechtigkeit selbst ist, in seinen Augen sich gering und verächtlich hält, desto herrlicher ist er in den Augen Gottes. Deshalben lasset uns mit aller Begierde und Fleiß dahin bestreben, daß wir uns vor die allergeringsten schätzen, aller Gutthat unwürdig achten, uns selbst miß=

mißfällig, Gott aber hingegen allein gefällig seyn. Wenn wir uns so verächtlich halten, so werden wir durch Trübsal, Schmach, Anfechtung nicht beweget und beunruhiget werden. Laßt uns keine widrige Gedanken nicht einmal faſſen, sondern glauben mit ſtandhaaftem Gemüth, wir wären aller Schmach, Verlaſſenheit höchſt würdig und bedürftig. Dann in Wahrheit, ein Mensch, der in der Bekehrung zu Gott stehet, hat um Gottes Ehre und seiner Sünde Abscheu willen, einen groſſen Eckel, geehret und geliebet zu werden; er fluchet hingegen nicht, wenn er von andern sollte gehaſſet, verachtet, verworfen werden bis ans Ende, damit er nur wahrhaftig recht tief gedemüthiget Gott allein mit aufrichtigem Herzen anhange. Es wird keine äuſſere Arbeit, Mühe und Mittel gefordert, Gott den Herrn allein zu lieben, und gegen sich einen Unwillen und Haß zu haben. Aber doch ist Einsamkeit, Ruhe und Arbeit des Herzens vonnöthen, um das Gemüth immer zu erheben, daſſelbe von der Creatur zu denen himmlischen Sachen aufzuschwingen, damit wir also in Gott immer tiefer einkehren zur wahren Erneuerung. Sehr förderlich wird uns hiezu seyn, wenn wir, wie gesagt, von Herzen uns entſchlieſſen, ohne Verachtung unsers Nächſtens, auch deſſen, der als ein Werkzeug dazu gebraucht wird, von allen Menschen als ein Spott, Scheusal geachtet zu werden. Ja, wir sollen lieber begehren als ein Koth und Staub der Erden verworfen zu werden, als mit allerley Ergößlichkeiten umgeben zu seyn, oder von Menschen erhoben, und viele Glückseligkeit zu genieſſen. Keinen andern Trost sollen wir in diesem sterblichen Leben verlangen, als unsere Miſſethaten, Schulden, Sünden zu beweinen, Leid darüber zu tragen, uns gänzlich zu vernichtigen, von Tag zu Tag immer mehr in unsern Augen unwürdig uns in allem zu schätzen, damit wir

Das 15 Capitel.

mit Gott nur allein gefallen, ihn allein lieben, ihm allein anhangen. So beschäftige dich, o Seele! allein mit deinem Gott. Bekümmere dich um ihn allein. Laß alles andere stehen, weil jedes in seiner Gewalt und Vorsehung gesetzt. Mit und über die Welt belustige dich nicht, sondern weine vielmehr, daß du über ihre Herrlichkeit nicht betrübt bist. Weinest du, so sey betrübt deswegen, daß du dazu durch deine Sünden Ursach gegeben. Wie ein zum Tod verurtheilter Missethäter sich nicht mehr bekümmert, wie der Scharfrichter sich gegen ihn verhält: also, wer da Leid trägt über die Sünde, soll weder auf Freude, noch Zorn, noch Ehr, noch Unwillen mehr merken. Und wie ein Bürger eine andere Wohnung hat, als der zum Tode verurtheilet ist: so soll der Sünder auch zufrieden seyn, welches Loos der Strafe, Zucht, Gnade der Richter wolle anweisen. Der viel bekommen und viel verderbt, wird mehrere Streiche leiden, als der wenig empfangen. Nur ist das sicherste, in Zeiten alles zu verläugnen, alles zu verachten, allem sich entschlagen, auf daß mit vollem Glauben deren Buß=Thränen ein guter Grund geleget werde. Wer dann nun in der Wahrheit Jesum liebet, um seinetwegen weinet, ihn im Herzen träget, wegen seiner begangenen Sünde wahres Leid trägt, das künftige Reich in Wahrheit suchet zu erlangen, Tod, Gericht, Hölle immer in Andenken behält: dieser wird vors künftige, es sey Schmach oder Ehre, u. d. gl. sich nicht bekümmern und besorgen. Ja, er soll dagegen, um zu Gott seinen Lauf desto eiliger zu vollführen, einen jeden Tag, daran er nicht verachtet und verfluchet wird, halten, daß er an demselben einen grossen Schaden und Verlust gelitten. Es ist solche Creutzes=Liebe eine Befreyung von Lüsten und bösen Neigungen, dargegen eine Beförderung der Herzens=Reinigkeit und Vollführung der Tugenden.

genden. So achte dich nur als einen schon der Welt Abgestorbenen, weil du nicht zweifelst, daß du einsmals gewiß sterben müssest. Der stärkste Beweiß, ob alle Gedanken, Worte und Werke nach Gottes Willen geordnet würden seyn, ist, wenn du dich immer mehr erniedrigest, und also in Gott einsammlest. Befindest du die Sache anders in dir, so schöpfe billig einen Verdacht, daß nicht nach Gottes Willen und dir ersprießlich dein Werk gehe.

Das 16 Capitel.

Wie sich die Vorsehung Gottes über alles erstrecke.

Damit wir uns aber ohne Hinderniß frey, sicher, ruhig, stille zu Gott lenken, ihm anhangen im Glück und Unglück, im Leben und Tod: so ists vonnöthen, daß wir alle Dinge ohne Durchgrüblung seiner unbetrüglichen Vorsehung ihm ganz sicher und gewiß befehlen. Es ist dieses billig, weil er allein derjenige ist, der allen Geschöpfen das Wesen, Können und Würken verleihet. Und wie ein künstliches Werk der Natur und Kunst Wichtigkeit anzeiget: also lehret das Werk der Vorsehung, Regierung Beschützung über die ganze Welt des grossen Schöpfers und Erhalters Weisheit, Allmacht, Gütigkeit, Barmherzigkeit, Gerechtigkeit, Liebe Ewigkeit. Es kann nichts aus eigener Kraft bestehen noch Würken, wofern es nicht durch die Kraft Gottes belebet und bewürket wird. Er der Herr ist der erste Beweger, Anfang, Ursprung alles Thuns. In der Verordnung aller Dinge thut ja Gott unmittelbar die Vorsehung bis zum geringsten. Dieser Vorsehung entgehet nichts vom Grössesten bis zum Kleinesten, es sey in natürlichen oder zufälligen Sachen, wie sie scheinen und uns begegnen. Ja, es kann und will Gott nichts thun, darinn man nicht sonderlich seine Vorsehung u. Regierung besondern Zweck bemerken und aufspüren soll.

soll. Dahero wird alles Würken solchem Ziel unterwürfig gemacht und erhalten. Wenn sich nun die Vorsehung Gottes auf alles erstrecket, sollten dann die Gedanken ausgeschlossen seyn? So rathet dann wohl die Schrift: Werfet eure Sorge auf den Herrn, er sorget für euch. Wirf deine Gedanken auf den Herrn, er wird dich ernähren. Schauet ihr Menschen, und wisset, daß keiner auf den Herrn gehoffet und zu Schanden worden. Niemand ist geblieben in seinen Geboten und ist verlassen worden. Der Herr spricht: Sorget nicht, was werden wir essen. Was wir dann immer, wie groß es auch sey, vom Herrn hoffen, das werden wir ohne Zweifel erlangen nach seiner Verheissung. 5 B. Mos. 5. Ein jeglicher Ort, darauf ein Fuß treten wird, soll euer seyn. Dann wie viel einer begehren wird können, so viel wird er erlangen. Und so weit er den Fuß der Zuversicht setzen wird, so viel wird er besitzen. Dahero sagt Bernhardus: Gott der Urheber aller Dinge ist so überflüßig an Gütigkeit, daß, wenn wir den Schooß des Vertrauens zu einer auch sehr grossen Gnade werden können ausbreiten, wie groß der Schooß ist, so ungezweifelt voll werden wir ihn erhalten. Jesus spricht ja dieses: Alles, was ihr bittet, glaubet, daß ihrs empfahen werdet, so wirds euch widerfahren. Also je vester und stärker und anhaltender solches Vertrauen ist, mit aller Demuth, Liebe, Furcht: desto mächtiger es sich zu Gott aufrichtet, ja desto sicherer, geschwinder und überflüßiger wird er halten, was man hoffet. Wenn aber das Vertrauen aus Schaam und Furcht von den Sünden sich nicht recht will ausschwingen, ja gar kalt und lau wird: so sollen wir merken, daß bey Gott doch alle Dinge möglich seyn, und nothwendiger Weise geschehen müsse, was Gott will, und was zu unserm Besten und zu seiner Ehre gereichen kann. Es ist ihm eben so leicht, unzehlbare, wichtige grosse Sünden nachzulassen und zu vertilgen, als nur eine einzige Missethat. Und gleichwie ein Sünder an sich von Sünden sich nicht befreyen kann, also kann er sich von dem Uebel der Sünden, der

Trüb-

Trübsal, nicht erretten. Wir können nicht allein gar nichts Gutes thun, sondern auch nichts Gutes gedenken. Alles kommt von Gott. Doch ists freylich viel gefährlicher mit vielen Sünden bestricket seyn, als einen Fall fühlen in der Noth. Dann kein Uebel bleibt ungestraft, und eine jede Sünde bekommt ihren Lohn nach Erfordernng der Gerechtigkeit Gottes. Eine jede Sünde ist wider Gott, der von unendlicher Ehre und Majestät ist. Zum Trost müssen wir aber dieses behalten, daß der Herr die Seinen kennet, und es ist unmöglich, daß ihm einer aus der Hand soll entrissen werden. Dahero die Gläubigen bey allen Trübsalen, Versuchungen, geistlich und leiblich ꝛc. weil sein Auserwehlen von Ewigkeit versehen, und die Erlösungs-Arbeit an sie gewandt, sich also aufrichten können, daß alles zu ihrem Besten mitwürken müsse, auf daß sie in der Widerwärtigkeit mehr bewähret werden. So laßt uns nun alles mit völliger Zuversicht zu der gnädigen Vorsehung Gottes annehmen und anbefehlen, indem alles Uebel gut ist, es müsse so geschehen, und er kann sie über alles Hoffen in was besseres verändern. Dann gleich wie durch seine Willens-Wirkung unmittelbar alles Gutes geschicht: also wird durch seine Zulassung alles Uebel gut, damit zum wenigsten hieraus seine Allmacht, Weisheit, Gütigkeit erscheine durch Jesum Christum unsern Hohenpriester, aus der Kraft der Gnaden, in dem Mangel der Natur und Creatur; so muß weiter in solchen Trübsalen und Versuchungen offenbar werden die Schönheit der Geschöpfe, der Adel der Frommen, die Bosheit und Straf der Gottlosen, um deren willen Gott das Krumme also kommen läßt, und wieder gerade machet. Der Sünder wird durch solche Anfechtung in der Buß, Reu, Demuth, Sanftmuth ꝛc. weiter geübt. Aber denen gereicht es nicht zum Besten, die boshaftig handeln, ja von Gott als Geissel gebraucht werden. Sie gehen in grosse Gefahr, ja wohl in gänzliche Beraubung der Gnaden. Sie fallen in zeitliche und ewige Strafe. Gott bewahre uns davor und lasse uns hier zur Besserung gezüchtiget werden. Hebr. 12.

www.ingramcontent.com/pod-product-compliance
Lightning Source LLC
Chambersburg PA
CBHW031403160426
43196CB00007B/878